本技術報告貢獻度

本技術報告**《虛擬形象力：STEAM-6E 跨域設計教學實踐》**結合**「數位媒體設計與虛擬角色」**實作課程，就筆者於東南科技大學任教多年來，融入 STEAM-6E 教學理論架構與產業需求，展現出多層次、跨學科的教學創新實踐成果。研究成果可從以下六個面向探討其論文貢獻度：

一、教學模式創新與實踐貢獻

本報告以 STEAM 結合 6E 學習循環模式（Engage、Explore、Explain、Engineer、Enrich、Evaluate），發展出適用於虛擬角色實作課程的教學策略。透過課程設計中的「**設計－提案－製作－發表－商品化**」流程，讓學生從任務導向的操作中發展出創造力與問題解決能力。教學模式強調**「創造性問題導向學習（Creative PBL）」**與**「差異化教學策略」**，有效因應學生能力落差與學習動機不足問題，並藉由**「雙教師協同教學」**與**「同儕師徒制」**等創新模式，引導學生從基礎技能入門到專業素養的系統性學習，具備高度的實作性與延伸應用價值。

二、虛擬角色教育的學科跨界應用

虛擬形象設計牽涉數位繪圖、3D 建模、動作捕捉、AI 互動、腳本撰寫、社群行銷等技能，橫跨視覺設計、資訊科技、表演藝術與媒體應用等領域。本研究有效整合上述多元知識，開發出以**「虛擬角色設計」**為核心的跨域課程模組，使學生不再侷限於單一設計視角，而能從角色世界觀、互動情境到商品應用進行整合創作，深化跨學科知識轉化與應用

能力。此模式也提供其他技職體系課程跨域整合的可參考框架，擴展虛擬角色教育的實踐可能性。

三、教學成效驗證與人才培育

本計畫採用前後測問卷、學習歷程檔案、教學觀察與學生回饋等多元評量方式，驗證教學成效。研究結果顯示：「**學生在自我效能、學習動機、創意設計與技術整合能力等方面皆有顯著成長。**」此外，透過業師講座、實務演練與展演活動的安排，學生不僅掌握專業技能，亦培養專案管理與提案能力，為未來職場所需的「即戰力」做好準備。優秀學生作品亦參與新一代設計展、校外競賽與產學實作提案，成功將學習成果推向市場，展現明確的人才培育效益。

四、產學合作與業界接軌

本研究強調「**以案養才**」的實作導向策略，與在地產業、文化單位及 VTuber 實務團隊進行合作，讓學生直接參與市場導向的創作任務。從在地文化轉譯、品牌角色創作到 AR 應用設計，課程結合業界需求進行課題開發與實務指導，不僅提升學生的專業應用能力，更有效縮短學用落差。報告中兩項課程案例皆成功促成學生與業界的實質接軌，開展更多元的就業與創業可能，也為 VTuber 產業未來發展奠定新的人才基礎。

五、推動數位媒體教育發展

本報告聚焦於數位媒體教育中「**虛擬角色設計與實作**」的發展，強化數位內容創作與 AI 應用整合的能力，對高等教育中數位媒體設計課程

的革新具有指標性意義。透過「**AIGC（AI 生成內容）與 VTuber 角色製作技術**」的結合，使教學內容緊貼當代媒體產業趨勢，也為未來新興職能（如：虛擬 IP 經營、元宇宙角色開發、互動式內容設計）奠定基礎。本研究發展出的教學架構與課程模組，亦可作為數位媒體相關科系推動創新教學的參考藍圖，有效促進技職教育與創意產業的接軌與共進，拓展數位媒體教育的新方向。

六、教學實踐的可持續性與未來展望

本研究在課程執行中逐步建立完整的教學資源、評量機制與產學連結模式，具備高度的可持續性。未來將持續深化「**AICG 與沉浸式媒體技術**」的應用，擴展至 AR/VR、虛擬導覽與遊戲敘事等數位應用領域，形塑更豐富的教學實境與實作挑戰。同時，透過跨校教師社群的推動與教材共備機制，強化教師專業成長與經驗傳承。報告中的課程模式與產出成果，具備可複製性與推廣性，未來可擴及至高中職端進行垂直銜接，或延伸至其他創意設計相關科系，成為推動教學創新與虛擬內容教育發展的重要示範案例。

總結

本技術報告兼具「**教育理論與教學實務**」的深化探索，透過創新教學法的發展與系統化教學驗證，不僅為「虛擬角色設計」課程提供具體可行的教學模型，更展現出「虛擬形象教育」在技職體系與產業實踐上的應用價值。其在教學、研究、跨域整合與產學合作等面向，皆具高度貢獻與推廣潛力。

自序-張美春

一、教學歷程回顧：從理論探索到實踐深化

　　自 2015 年至 2025 年（104-1 至 113-2 學期），本人於技職體系東南科技大學歷經十載教學與研究歷程，歷經十載教學與研究歷程，始終堅信「實踐導向、跨域融合」是教育改革的核心。早期教學與研究以「視覺傳達設計」為切入點，融合理論基礎與實證研究，為學生營造具體的學習情境。隨著專業發展與數位產業的蓬勃興起，逐步將重心轉移至「VTuber 虛擬主播」與「數位內容領域」，積極推動跨域教學與創新實踐，回應產業脈動。

二、教學信念的形成與轉化

　　本人深信技職教育應聚焦於創新力、實作力與產業連結。因此，教學設計強調以學生為本，**注重技能操作、創意思考、問題導向學習（PBL）以及產學協作的落實**。課程不僅涵蓋繪圖、建模、動畫等數位技術，也結合文化敘事、社會議題及跨系合作，讓學生在真實情境中鍛鍊應用力。透過數媒系與表演藝術、觀光、資訊和餐飲等學科的教師協作，學生能跨足多元專業領域，實現知識整合與跨域合作的學習目標。

三、升等目標對應與教學實踐成果

　　在教學實踐與升等規劃中，特別重視**「理論與實務並重」**、**「創新與推廣並進」**之理念。自 2018 年起，連續獲得教育部、國科會等多項計畫

補助，推動「STEAM-6E 導向」虛擬角色設計、VTuber 開發、海洋仿生創作等跨域課程，發表研究論文與實踐成果於國內外期刊及研討會。課程實施以 **6E 學習循環**（Engage, Explore, Explain, Elaborate, Evaluate, Extend）為核心，強化學生專案規劃、團隊合作與成果展現之能力。

四、跨域整合與學生培育成效

在虛擬角色、VTuber 等新興領域課程中，本人著重於**跨域整合、產學合作及國際接軌**。積極串聯表藝系導入「**動作捕捉、舞台演繹**」等實作，帶領學生參與 USR 計畫、地方創生及產學實習，將專業技術應用於在地文化創新。指導學生參加國內外設計競賽，累計超過 100 件以上獲獎佳績；協助學生考取國際證照，強化職場競爭力；推動專題製作、數位教材開發、成果展與校外發表，逐步將學生從技術入門者培育為具備創意與專業整合力的產業新血。

五、服務績效與校務參與

本人亦積極參與學校重大計畫與管理服務：協助高教深耕、校務評鑑、校慶活動設計與展演空間管理，提升學校專業形象。主辦多場校內外成果展與國際研討會，促進學術交流與產學鏈結。規劃期中、期末作業展覽，創造學生與業界對話的平台，提升學習成效與實踐經驗。

六、教學實踐代表案例與報告內容說明

本書《虛擬形象力：STEAM-6E 跨域設計教學實踐》，整合本人近四年教學實踐計畫成果，聚焦「虛擬人形象設計課程」、「海洋主題虛擬角

色創作課程」兩大案例，詳述 STEAM-6E 導向教學流程、課程設計、學生作品與學習成效。報告內容分為教學理念、學理基礎、主題內容、成果成效與創新貢獻，期望為技職與高教領域教師、課程設計者與政策制定者提供可行的實務參考。

七、展望未來：持續創新與專業深耕

展望未來，筆者將持續**推動跨域教學、課程創新與產學連結，擴大虛擬角色教育之應用場域，強化學生創造力、表達力與實作力**。期待藉由本書經驗分享，促進設計教育現場理論與實踐的相互啟發，攜手培育更多具備實戰能力、國際視野與社會責任感的優秀人才，推動台灣技職教育永續發展。

張美春 筆(東南科技大學 114 年 8 月)

目錄

本技術報告貢獻度	01
自序	04
教學實踐研究的歷程	13
一、專業知能的累積與學習成長	14
二、創新教學的實驗推進與反思精進	18
三、成果展現與產學鏈結之貢獻	29
前言	48
系列代表著作一　虛擬人形象設計課程之教學實踐	53
獲獎證明	54
公開發表證明	56
摘要	57
一、教學、課程或設計理念	60
二、教學、課程、設計理念及學理基礎	66
三、主題內容及方法技巧	77
四、研發成果及學習成效	96
五、創新及貢獻	129
參考文獻	135
附件	142
系列代表著作二　海洋虛擬角色創作課程之教學實踐	147
獲獎證明	149
公開發表證明	153

摘要	153
一、教學、課程或設計理念	154
二、教學、課程、設計理念及學理基礎	164
三、主題內容及方法技巧	172
四、研發成果及學習成效	192
五、創新及貢獻	234
參考文獻	240
附件	246
結語	249

表目錄

表 1-1：持續參加教學實踐研究研習	14
表 1-2：近年持續執行校內教學實踐研究相關計畫案	19
表 1-3：近年通過教育部學實踐研究計劃案	20
表 1-4：近 3 年學生教學評量結果	21
表 1-5：指導通過國科會大專生研究計畫	22
表 1-6：指導畢業專題製作組別	23
表 1-7：指導學生近年來獲獎表現	26
表 1-8：指導學生校外專業實習	27
表 1-9：近年來持續數位教材編制	31
表 1-10：近年來校內得獎榮譽	32
表 1-11：近年來校外得獎榮譽	33

表 1-12：近年來教學實踐研究相關發表	36
表 1-13：近年來教學實踐研究專書發表	39
表 1-14：近年來各公部門產學計畫案	40
表 2-1：「虛擬人形象設計」受測者基本資料	81
表 2-2：STEAM-6E 於「虛擬人形象設計」之對應關係	86
表 2-3：「虛擬人形象設計」課程規劃	89
表 2-4：STEAM 跨域實作調查統計	113
表 2-5：STEAM 跨域教學施行前、後之學習成效	119
表 2-6：課程滿意度分析表	122
表 3-1：STEAM-6E 段「海洋虛擬角色創作」之應矩陣圖	174
表 3-2：「海洋虛擬角色」受測者基本資料	175
表 3-3：STEAM-6E 於「海洋虛擬角色創作」對應關係	182
表 3-4：「海洋虛擬角色創作」之課程設計	184
表 3-5：「海洋虛擬角色創作」之 STEAM 調查統計	202
表 3-6：「海洋虛擬角色創作」之學習成效與實作統計	217
表 3-7：學習成效與創意實作-教學施行前後之學習成效	219
表 3-8：「海洋虛擬角色創作」課程滿意度分析表	222

圖目錄

圖 1-1：畢業專題製作總指導及主視覺指導老師　　　　　　24

圖 1-2：學生國內外競賽得獎之成果　　　　　　　　　　　25

圖 1-3：帶領學生專業課程融入服務學習　　　　　　　　　29

圖 1-4 ：參加高教深耕實務精進數位教材編制與成果發表　　32

圖 1-5：專業實習課程輔導及 VTuber 培訓人才基地　　　　41

圖 1-6：數位雙生虛擬角色 AR 智慧眼鏡創作開發與應用　　42

圖 1-7：Metaverse 互動藝術設計中心　　　　　　　　　　43

圖 1-8：《新聞思想啟》第 42 集-PART3 虛擬網紅 VTuber　44

圖 1-9：USR 計畫–淡蘭市場科技數位文旅典藏服務培力計畫　45

圖 1-10：《蕃人觀光日誌》原住民角色開發製作過程　　　46

圖 2-1：「虛擬人形象設計」之課程規劃　　　　　　　　　78

圖 2-2：「虛擬人形象設計」之研究設計架構圖　　　　　　80

圖 2-3：「虛擬人形象設計」場域與課程之間的合作機制　　83

圖 2-4：「虛擬人形象設計」場域設備　　　　　　　　　　84

圖 2-5：STEAM-6E 結合「虛擬人形象設計」課程規劃　　85

圖 2-6：「虛擬人形象設計」課程進度　　　　　　　　　　88

圖 2-7：「虛擬人形象設計」前階段上課實作情形　　　　　97

圖 2-8：「虛擬人形象設計」期中作業-職人角色設計　　　97

圖2-9：虛擬角色與LOGO聯想　　　　　　　　　　　　　99

圖 2-10：虛擬角色之職業聯想元素　　　　　　　　　　　　100

圖 2-11：「虛擬角色形象設計」STEAM-6E 教學活動　　　101

圖 2-13：「虛擬人形象設計」前階段成果樣本，s112008　　103

圖 2-14：「虛擬人形象設計」前階段成果樣本，s112021　　104

圖 2-15：「虛擬人形象設計」前階段成果樣本，s112015　　105

圖 2-16：數媒系在表藝系造型教室上課情景　　　　　　　106

圖 2-17：「暗黑哥德風」虛擬角色之學生草圖　　　　　　107

圖 2-18：「暗黑哥德風」虛擬角色實施之過程　　　　　　108

圖 2-19：「暗黑哥德風」虛擬角色之成果展演　　　　　　109

圖 2-20：「暗黑哥德風」虛擬角色之成果作品　　　　　　111

圖 2-21：「暗黑哥德風」虛擬角色(01)理髮師 A(弗蘭佐拉)　116

圖 2-22：「暗黑哥德風」虛擬角色(02)理髮師 B(希爾莉)　　116

圖 2-23：「暗黑哥德風」虛擬角色(03) 冥界的女神(諾芬)　 117

圖 3-1：「海洋虛擬角色創作」研究階段　　　　　　　　　173

圖 3-2： 研究變項模型圖（研究架構）　　　　　　　　　174

圖 3-3：「海洋虛擬角色創作」教學場域整合示意圖　　　　175

圖 3-4：「海洋虛擬角色創作」場域設備　　　　　　　　　179

圖 3-5：「海洋虛擬角色創作」（STEAM-6E）課程規劃　　180

圖 3-6：「海洋虛擬角色創作」前階段上課實作情形　　　　193

圖 3-7：「海洋虛擬角色創作」草圖到色稿練習　　　　　　194

圖 3-8：「海洋虛擬角色創作」前階段小組與討論　　196

圖 3-9：「海洋虛擬角色創作」前階段小組作業　　197

圖 3-10：「海洋虛擬角色創作」後階段學生深化報告內容　　198

圖 3-11：「海洋虛擬角色創作」後期上課情形　　200

圖 3-12：「海洋虛擬角色創作」後期成果樣本 s06 夜奈.露　　201

圖 3-13：「海洋虛擬角色創作」後期之成果展演　　201

圖 3-14：：6E 導入「海洋虛擬角色創作」學習之過程　　206

圖 3-15：「海洋虛擬角色創作」後期之成果 s02 海豹　　207

圖 3-16：海洋虛擬角色創作」A　　208

圖 3-17：海洋虛擬角色創作」B　　209

圖 3-18：海洋虛擬角色創作」C　　210

圖 3-19：海洋虛擬角色創作」D　　211

圖 3-20：「海洋虛擬角色創作」後期成果樣本 s01 阪尾黑潮　　213

圖 3-21：「海洋虛擬角色創作」後期之影音成果 s02 塔啵啵　　215

教學實踐研究的歷程

—用愛陪伴・溫暖引路

教學實踐研究的歷程—用愛陪伴．溫暖引路

一、專業知能的累積與學習成長

在當代高等教育與技職體系中，教師的專業知能發展已成為教學品質與教育創新的關鍵推動力。筆者於東南科技大學任教多年，持續參加教學實踐研究研習所示（表 1-1），本人自踏入教育現場以來，始終秉持「終身學習」與「持續專業精進」的理念，積極參與各類教學實踐研究研習、專業成長課程及教學工作坊，不斷吸收新知，拓展教育視野。

透過與國內外教學實踐社群的交流互動，我不僅強化了課程設計與教學策略的理論基礎，更能將前沿教育理念落實於實際教學場域，持續提升自我在數位設計、STEAM 跨域整合與虛擬角色課程開發等領域的專業能力。這一歷程不僅促進個人教學素養的累積，也成為引領學生邁向創新學習與實作成長的堅實基礎。

表 1-1：持續參加教學實踐研究研習

年份	活動名稱	主辦單位	時數
2025	2025 教學實踐研究研討會暨海報論文發表及競賽(NKUST)	國立高雄科技大學	1.0
2025	2025 教學實踐研究與創新線上研討會暨論文口頭發表競賽(ASIA)	亞洲大學	1.0
2025	教學研究 4W 心法：教學實踐研究規劃實作工作坊	國立臺北科技大學教學實踐北區基地	6.0
2025	北科大跨校社群(AI 錫安部落)-我的教學實踐研究績優計畫經驗分享	北科大跨校社群(AI 錫安部落)	
2025	邁向升等之路：教學實踐研究的策略與經驗	國立臺北科技大學教學實踐北區基地	2.0
2025	TPR 縱貫線聯盟系列活動－教學實踐研	國立臺北科技大學教	5.0

年份	活動名稱	主辦單位	時數
	究計畫學門交流論壇-數理、人文藝術及設計、教育、[專案]情緒健康與福祉	學實踐北區基地	
2025	教學實踐分享-社群的魔法： 寫出成功計畫書的秘訣	東南科技大學教務處教學資源中心	1.0
2025	正修科技大學-我的教學實踐研究績優計畫經驗分享	正修科技大學教務處	2.0
2024	2024 第十一屆海峽兩岸創新與融滲式教學研討會	東南科技大學通識中心	8.0
2024	教學實踐研究計畫(教育學門與[專案]技術實作)撰寫與執行經驗線上分享	國立臺中科技大學教務處教學資源中心	2.0
2024	教學實踐研究計畫撰寫與執行經驗分享會(人文藝術及設計)	國立臺中科技大學教務處教學資源中心	2.0
2024	2024 中亞聯大教學實踐研究與創新線上研討會	亞洲大學	1.0
2024	AIGC 教學賦能系列工作坊【4】多媒體與教學	國立臺北科技大學教學實踐北區基地	2.0
2024	AIGC 教學賦能系列工作坊-【3】程式設計	國立臺北科技大學教學實踐北區基地	2.0
2024	教學實踐研究升等經驗分享講座	國立臺北科技大學教學實踐北區基地	2.0
2024	113 年度北區基地跨校教師社群期初共識會議	國立臺北科技大學教學實踐北區基地	2.0
2024	AIGC 教學賦能系列工作坊-【2】發想與教學	國立臺北科技大學教學實踐北區基地	2.0
2024	教學實踐研究計畫申請及執行經驗線上分享會	國立臺東大學	2.0
2024	學習成效評量與分析—質性研究取徑	佛光大學	1.5
2024	AIGC 教學賦能系列工作坊【1】RAG 先備知識與計畫撰寫	國立臺北科技大學教學實踐北區基地	2.0
2023	112 年度北區基地跨校教師社群期末成果交流會暨共識會議	國立臺北科技大學教學實踐北區基地	2.5
2023	創新創業種子教師培訓營	東南科技大學高教深耕計畫	6.0
2023	2023 第十屆海峽兩岸創新與融滲式教學	東南科技大學通識中	8.0

年份	活動名稱	主辦單位	時數
	研討會	心	
2023	設計思考系列課程-設計思考 x 場域探索與洞見發掘工作坊	德明財經科技大學	7.0
2023	教學實踐中的研究升等--談如何準備教學升等	國立陽明交大教務處教發中心	2.0
2023	人工智慧結合資訊概論教學發展研習	全域科技有限公司	16.0
2023	省思後再出發：以學習成效為視角規劃教與學	國立陽明交大教務處教發中心	12.0
2022	2022 年第九屆海峽兩岸創新與融滲式教學研討會	東南科技大學通識中心	2.0
2022	2022 通識與 STEAM 教育國際研討會	淡江大學	3.0
2022	TPR 大進擊-教學實踐研究計畫兩天一夜實作工作坊	國立臺北科技大學教學實踐北區基地	16.0
2022	教學實踐研究計畫撰寫與執行經驗線上分享會 (教育學門&人文藝術與設計學門)(北科大)	國立臺北科技大學教學實踐北區基地	2.0
20222022	教學實踐研究計畫撰寫與執行經驗(北科大)	國立臺北科技大學教學實踐北區基地	
2022	教學實踐研究計畫撰寫秘訣(宜蘭大學)	宜蘭大學	
2022	教學實踐研究論文寫作工作坊	國立臺北科技大學教學實踐北區基地	4.0
2022	研究倫理的核心精神與案例分享	國立臺北科技大學教學實踐北區基地	2.0
2021	論文撰寫工作坊	國立宜蘭大學教學發展中心	4.0
2021	第八屆海峽兩岸創新與融滲式教學研討會	東南科技大學通識中心	8.0
2021	AI 人工智慧研習	東南科技大學研究發展處	9.0
2021	引路人：一起成為教育部教學實踐研究績優計畫主持人	國立臺北科技大學教學實踐北區基地	2.0
2021	109 年度教學實踐研究計畫人文藝術及設計學門暨醫護學門成果交流會	教育部教學實踐研究計畫專案辦公室	1.0

年份	活動名稱	主辦單位	時數
2021	SSCI 論文的成型，鋪陳與發表	國立臺灣師範大學進修推廣學院	3.0
2021	台日數位娛樂產業趨勢暨產製技術應用論壇	經濟部工業局	8.0
2021	高互動線上教學工作坊	國立臺北科技大學教學實踐北區基地	2.0
2021	台日數位娛樂產業趨勢暨產製技術應用論壇	經濟部工業局	8.0
2021	快速完成 AMOS 論文統計分析	國立臺灣師範大學進修推廣學院	6.0
2021	線上班級經營技巧工作坊	國立臺北科技大學教學實踐北區基地	4.0
2021	2021 新北市 AI 技職素養課種子講師培訓	新北市政府教育局	5.0
2020	創新教學工作坊-翻轉課堂	東南科技大學教務處教學資源中心	2.0
2020	2020 第七屆海峽兩岸創新與融滲式教學研討會(東南)	東南科技大學通識中心	8.0
2020	雙創課程師資培訓課程(東南)	東南科技大學	28.0
2020	調查研究與統計分析密集班(SPSS1)	國立臺灣師範大學進修推廣學院	30.0
2020	教學實踐研究計畫撰寫指南與拆招解	東南科技大學教務處教學資源中心	2.0
2020	創新教學工作坊-輔助思考與學習工具 Xmind 心智圖	東南科技大學教務處教學資源中心	2.0
2019	翻轉教學數位教材-數位影音通	東南科技大學	2.0
2019	2019 第六屆海峽兩岸創新與融滲式教學研討會	東南科技大學通識中心	8.0
2019	邏輯思考與資訊應用能力-情境式商用雲端 APP 設計課程	東南科技大學	30.0
2019	臺灣古地圖與采風數位教材研討會	東南科技大學	6.0
	合計時數		**313.0**

二、創新教學的實驗推進與反思精進

(一) 教學實踐計畫成效與反饋

本計畫主持人具備**視覺傳達設計專業背景**，長期投入於數位媒體設計與創意教育，聚焦於**角色造型設計、跨域創作應用與科技藝術整合**。因應近年 VTuber 與虛擬角色相關產業迅速興起，主持人積極將 **STEAM-6E 教學模式**與**虛擬設計技術**整合應用於課程中，如校內教學計畫案表 1-2，並於教學實踐中展現以下多元成效：

創新課程設計與教學應用，開設課程如《角色設計》、《跨領域體驗－VTuber 社群媒體創作》、《視覺商品設計實作》、《經典設計專案研究》等，導入 **AICG 技術**與**虛擬直播角色（VTuber）開發**工具，實踐角色創作、動畫生成、社群互動內容設計等應用。推動**專題導向學習（PjBL）**，強化學生角色開發與品牌敘事能力，結合直播、影片剪輯與角色演繹，促進學生從理論建構至作品實現的系統化訓練。

學生學習表現亮眼，專題製作與實習連結產業實務：課程中學生完成多項完整角色企劃與虛擬實演作品，並參與校外企業合作實習，深化實作經驗。**競賽表現成果豐碩**：擔任設計競賽輔導教師，指導學生參加多項**國內外數位創意與角色設計競賽**，累計獲獎達數十件，顯示學生在創意實踐與產業接軌方面的能力顯著提升。**教材開發與成果發表**，編製數位教材與設計範例，如 VTuber 形象設計流程、角色三視圖繪製、虛擬直播腳本規劃等，作為教學實務應用素材。

表 1-2：近年持續執行校內教學實踐研究相關計畫案

年份	校內通過計劃案
2025	東南科技大學高教深耕計畫-在地文化專業融入廣告設計服務學習課程
2025	東南科技大學高教深耕計畫-專業融入服務設計-包裝設計專業融入服務學習課程
2025	東南科技大學高教深耕計畫-校內先導教學實踐研究計畫-享受學習 x 啟動創意：以 ARCS 學習動機模式融入動畫角色課程設計及學習成效
2025	東南科技大學高教深耕計畫-媒體教師成長社群-AI 生成媒體趨勢探討
2024	東南科技大學高教深耕計畫-校內先導教學實踐研究計畫-以人為本 X 創意思考：結合地方創生之廣告設計教學實踐
2021	東南科技大學高教深耕計畫-翻轉教學課程：影像處理
2021	東南科技大學高教深耕計畫-翻轉教學課程：影像處理
2021	東南科技大學高教深耕計畫-教師開發教學精進教材教具－VTuber 虛擬角色實務案例教材教具
2021	東南科技大學高教深耕計畫-校內先導教學實踐研究計畫-「運用 ARCS 學習動機模式與擴增實境融入廣告設計教學之研究」
2021	東南科技大學高教深耕計畫-教師開發教學精進教材教具－包裝設計
2020	東南科技大學高教深耕計畫-翻轉教學課程：基礎 2D 動畫
2019	東南科技大學高教深耕計畫-教學改進課程：設計心理學
2019	東南科技大學高教深耕計畫-PBL 課程：商業設計實務
2019	東南科技大學高教深耕計畫-新媒體應用教師社群
2019	東南科技大學高教深耕計畫-教學改進課程：視設理論與向量繪圖
2019	東南科技大學高教深耕計畫-翻轉教學課程：色彩計畫
2019	東南科技大學高教深耕計畫-PBL 課程：企劃與行銷
2018	東南科技大學高教深耕計畫-翻轉教學課程：作品集製作
2018	東南科技大學高教深耕計畫-教學改進課程：媒體企劃實務與整合
2018	東南科技大學高教深耕計畫-教學改進課程：互動藝術設計

教學實踐計畫歷年通過情形（如表 1-3）：110 教第 032 號：「運用 6E 模式於 STEAM 教學活動提升 VTuber 實作課程學習效能」（**獲選續優計畫主持人**）、111 教第 034 號：「創造思考策略融入 STEAM-6E 教學提升跨領域 VTuber 創作學習效能」、112 教第 028 號：「STEAM 結合跨領域提升虛擬人形象設計之實作技能與學習成效」、113 教第 028 號：「STEAM-6E 融入海洋生物以提升虛擬角色實作課程之學習成效」、114 年度計畫：「新手變好手養成記－提升虛擬網紅課程的技術實作與提案模式」。其結果皆發表**教學研究論文與專案成果**於研討會及學術期刊，並推動跨校合作與實踐經驗分享。

表 1-3：近年通過教育部學實踐研究計劃案

年份	通過計劃案
2025	教育部教學實踐研究計畫- 114 年新手變好手養成記 - 提升虛擬網紅課程的技術實作與提案模式
2024	教育部教學實踐研究計畫(113 教第 028 號) - STEAM-6E 融入海洋生物以提升虛擬角色實作課程之學習成效
2023	教育部教學實踐研究計畫(112 教第 028 號) - STEAM 結合跨領域提升虛擬人形象設計之實作技能與學習成效
2022	教育部教學實踐研究計畫 111 教第 034 號) - 創造思考策略融入 STEAM-6E 教學提升跨領域 VTuber 創作學習效能
2021	教育部教學實踐研究計畫(110 教第 032 號) - 運用 6E 模式於 STEAM 教學活動提升 Vtuber 實作課程學習效能

目前這些計畫案分別持續投國內外期刊，並發表專書出版，110~111 年通過計畫案彙整於《虛擬主播 VTuber 實作的創新教學實踐》；112~113

年通過計畫案彙整於《虛擬形象力：STEAM-6E 跨域設計教學實踐》，將其教學實務的寶貴歷程分享出去。

學生教學評量與學生回饋（如表 1-4），教學歷年評鑑均獲高分肯定，學生普遍反映課程內容富創新性與實務性，能有效結合創意思考與科技應用。多位學生於訪談中指出，課程促進其自信與跨域協作能力，激發對創意產業的職涯熱情。

表 1-4：近 3 年學生教學評量結果

學期	學院	教師單位	科目平均
111 學年度第 1 學習	創新設計學院	數位媒體設計系	4.46
111 學年度第 2 學習	創新設計學院	數位媒體設計系	4.58
112 學年度第 1 學習	創新設計學院	數位媒體設計系	4.58
112 學年度第 2 學習	創新設計學院	數位媒體設計系	4.73
113 學年度第 1 學習	創新設計學院	數位媒體設計系	4.70
113 學年度第 2 學習	創新設計學院	數位媒體設計系	4.69
平均			4.62

資料來源：東南科技大學教務處課務組

（四）學生成就與教學實作展現

1.指導國科會大專生研究計畫

在教學實踐與學生培育上，計畫主持人長期致力於將視覺設計、數位內容與新興科技應用整合，具體轉化為學生實作歷程與研究成果。其中，指導之國科會大專學生研究計畫成果尤為豐碩（**如表 1-5**），專

題主題緊扣時代趨勢與文化應用，展現跨域創新精神與教學深度。

表 1-5：指導通過國科會大專生研究計畫

年份	計劃案
2022	國科會大專生計畫-漫遊古台灣-探討 AR 擴增實境虛擬角色開發設計與實踐 (111-2813-C-236-001-H)
2021	國科會大專生計畫-智慧眼鏡結合擴增實境應用於互動繪本開發設計－以印尼蠟染文化為例 (110-2813-236-003-H)
2018	國小兒童對小心夾手警告圖形設計之研究(107-2813-C-236-004-H)

本團隊聚焦於「**虛擬角色 × 擴增實境（AR）**」之應用，包括：

- **《漫遊古臺灣》**：以 AR 虛擬角色開發為核心，融合歷史場域與文化敘事，強調文化資產的數位再現與傳承教育，提升設計實踐中的文化感知。
- **《智慧眼鏡應用研究》**：結合 AR 互動繪本設計與智慧眼鏡平台，導入印尼蠟染文化元素，實踐文化議題的多模態設計表現，展現深度國際視野。
- **《兒童警告圖形設計研究》**：則以社會安全為主軸，探討國小兒童對視覺警示圖像的認知與學習回饋，兼顧教育應用與設計思維。

這些計畫不僅強化學生研究能力與設計邏輯，更成功結合產學資源，拓展學生作品展示平台與未來職涯發展空間。教師透過系統性的知識轉化與專題指導，成功激發學生的原創思維與實作潛力。

2.指導畢業專題製作

在專題製作與實作教學方面,計畫主持人長期投入指導大三與大四學生進行專題創作,展現卓越的教學實力與指導績效。過去五年,研究者擔任**數位媒體設計系「專題製作」、「畢業展主視覺」及「畢籌會」指導老師**,如表 1-6、圖 1-1 所示。每年指導多組學生專題,成果定期於**新一代設計展**發表,廣受專家與業界肯定。

專題內容結合產業脈動與創新議題,強調學生自主提案與跨領域整合,透過**「以實務導向推動創作」、「以專題課程連結產業需求」,提升學生邁入職場的即戰力。研究者於課程中導入業界專案模擬教學,運用豐富教材、產業案例與數位影片示範**進行教學,並帶領學生實地參訪,拓展其設計視野與創意思維。

學生普遍反映,教師教學內容精彩實用,結合理論與操作,能夠有效激發創作熱情與參與動機。例如,A 同學提到:「老師總是鼓勵我們勇敢創作,在輕鬆氛圍中完成作品,讓學習變得有趣又有成就感。」B 同學亦表示:「透過校外參訪,我們看到許多優秀作品,對專題方向有更多的想法。」

表 1-6:指導畢業專題製作組別

年份	年級	專題名稱	專題小組成員
113	大四	深活尋奇	孟○佑、梁○寶、盧○廷、李○煜
113	大四	紅兔	林○祺、彭○美、李○葳、李○雯
113	大四	海誓山盟	蕭○、吳○鴻、林○蒖、彭○淳
113	大四	浪我們擁抱泥	謝○辰、余○瑩、陳○甄
113	大三	登塔(主視覺)	蔡○恬、曾○婷、黃○諾、周○呈
113	大三	燈花亭	邱○婷、洪○庭、鍾○婷、林○伶
112	大四	畫中有話(主視覺)	林○印、樊○榕、江○彥、蔡○鳴、黃

年份	年級	專題名稱	專題小組成員
			○綾
112	大四	時節饗諺	蔡○真、羅○筠、土○○惠
112	大四	φόβος(Phobos)	王○宇、陳○玄、徐○瑄、梁○姍
112	大四	機伴	翁○茹、葉○珠、石○華、余○祐
111	大四	蓉藝	李○、陳○鐶
111	大四	四分之一(主視覺)	陳○筠、黃○軒、黃○臻、何○慈、金○學
111	大四	馬克與小波	俞○杰
110	大四	卡菲特的世界	陳○帆、周○陽、游○臨、邱○斌、劉○暘

圖 1-1：畢業專題製作總指導及主視覺指導老師

3. 學生競賽成果與實務發表

　　研究者所指導學生在各類設計競賽中表現優異，展現了卓越的創意潛能與技術實力。儘管本系多數學生來自多媒體設計科與廣告設計背景，傾向動漫與插畫創作，仍能在平面設計與跨領域創作中嶄露頭角，於國內外設計競賽屢創佳績（**見表 1-7、圖 1-2**）。

　　近年重點課程聚焦於 VTuber 虛擬角色設計與多媒體整合，透過專

題實作與實務演練，學生逐步建立設計思維與視覺應用能力，在專業舞台上取得亮眼成果：國內競賽成果：虛擬網紅設計大賽、金點新秀設計獎、台灣國際海報新星獎、時報金犢獎、全國觀光伴手禮競賽（大觀盃）。國際競賽成果：台灣國際學生創意設計競賽、墨西哥國際海報雙年展、白金創意國際學生競賽、紅點與 iF 設計獎視覺傳達等等。

指導學生獲獎亮點紀錄：2024 第六屆康堤盃藝術與跨域設計競賽：10 件作品獲獎、2024 全國數位創意設計競賽 5 件作品獲佳作、2024 大觀盃觀光伴手禮競賽：金獎與銀獎各 2 件、2024 國際華文暨教育盃電子書創作大賽：7 件作品獲佳作、2025 東南盃全國數位創意設計競賽：銀獎與銅獎各 3 名、2025 繪本創作徵件競賽（斗六市立圖書館）：銅獎 1 件、2025 元宇宙虛擬網紅設計大賽：1 件獲佳作。

圖 1-2：學生國內外競賽得獎榮譽榜之成果

表 1-7：近年來指導學生競賽獲獎表現

年份	比賽獎項
2025	東南盃全國數位創意設計競 銀獎銅獎各 3 名
2025	斗六市立繪本圖書館【第九屆(112 年)繪本創作徵件】銅獎 1 件
2025	元宇宙虛擬網紅設計大賽佳作 1 件
2024	第六屆康堤盃康堤藝術與跨領域設計競賽得獎 10 件
2024	全國數位創意設計競賽等佳作 5 件
2024	大觀盃全國觀光伴手禮競賽金獎銀獎各 2 件
2024	第十四屆國際華文暨教育盃電子書創作大賽等佳作 7 件
2023	第五屆虛擬網紅設計大賽，平面視覺 LOGO 組佳作 2 名
2023	第五屆虛擬網紅設計大賽，電繪原創設計組佳作 3 名
2023	全國大觀盃觀光設計伴手禮，金牌 1 名、銀牌 2 名
2023	數位媒體設計獎虛擬角色設計類佳作 1 件
2022	教育部全國技專校院學生實務專題製作競賽暨成果展-出版語文類決賽入圍，卡菲特的世界 1 件
2022	全國大觀盃觀光設計伴手禮金牌銀牌各 1 名
2021	全國大觀盃觀光設計伴手禮特金獎，魔法花生 1 件

4.校外專業實習課程與接案體驗

本系專業實習課程為**必修核心課程**，安排於大二升大三暑假，為期兩個月，鼓勵學生提前接軌業界環境，優秀學生可延伸選修**學期實習課程**（9 學分），實習總長達 **6.5 個月**，有效累積豐富實務經歷。

如表 1-7，實習合作企業橫跨動畫、視覺設計、數位行銷與整合傳播等領域，包含：飛天膠囊數位科技有限公司羊咩咩整合行銷有限公

司摩力動畫股份有限公司藝朵文化事業有限公司根本攝影有限公司等。

累計超過 **60 個以上實習崗位**，學生可依個人興趣與專業方向選擇適合的實習單位。實習內容涵蓋：平面設計與美術編輯、影片剪輯與拍攝後製、2D 手繪動畫製作、配音錄音與直播技術等等。

透過實習，學生能**實地參與產業運作流程、強化應用技能**，部分表現優異學生更獲企業延聘，達成**教育與職場的無縫接軌**。

模擬接案與產學合作課程

除正式實習外，課程亦透過模擬接案的方式進行實作演練。教學改進計畫「**商業設計實務達人**」便於大四課程中結合：

- **廠商命題**：企業實際提案情境導入教室，學生依題發想與提案。
- **產學競圖**：鼓勵學生參與計畫徵件，模擬業界提案流程，強化產業對接經驗。

此外，數媒系針對「**視覺傳達設計模組**」特別強化實務導向課程，補足過去展演製作偏重手作且缺乏專業整合之缺口，提升展演品質與職場實戰力。

表 1-8：指導學生校外專業實習

年份	廠商	學生	實習內容
113	兩〇田健康事業有限公司	吳〇文、徐〇桓	行政美編(平面設計、活動設計、FB 美編、相關行政、包裝工作)
113	飛〇〇囊數位科技有限公司	張〇亦	美術設計助理(熟練電繪軟體/SAI、動漫原創人物設計、平面設計能力)
113	藝〇文化事業有限公司	陳〇凱	美術編輯、平面設計
113	巧〇國際貿易(股)	劉〇菁、	美編設計(平面設計、文案、FB 美

年份	廠商	學生	實習內容
	公司	劉○軒、陳○慈	編、相關行政、包裝工作)
113	日○昇股份有限公司	吳○平	設計菜單、美編設計、影片剪輯、拍照編修
112	根○攝影有限公司	孫○揚	攝影助理(要會 AI 和 PS)
112	極○媒體行銷有限公司	柯○武	配音、錄音、直播相關工作
112	火○○星創藝企業社	黃○諾、周○呈	配音、錄音、直播相關工作

5.服務學習與社會實踐轉化

近年來，計畫主持人積極將**服務學習精神導入包裝設計與廣告設計課程**，強化學生對社會與在地文化的理解與關懷，實踐「設計以人為本」的教育理念（**如圖 1-3**）。透過專業課程結合社區合作，讓學生將所學設計技能，回應真實社會議題，提升其實務能力與社會責任感。

以「**地方文化包裝設計**」課程為例，學生針對**新北市深坑與菁桐地區**之地方品牌進行田野訪查與創新設計，具體成果如下：

- **菁桐地區**：合作對象為「菁桐坑文化觀光發展協會」，師生實地訪查，協助當地 **8 家商家進行商品包裝設計重塑**，重新詮釋地方文化與品牌風格。

- **深坑老街**：協助 **7 家在地店家進行商品品牌設計升級**，進行品牌識別與包裝提案，強化市場視覺印象與文化辨識度。

- **深坑區公所合作專案**：設計 **8 款地方觀光紀念品**，融合深坑特有的

自然地景與人文故事,並以設計展形式於**學校與深坑圖書館公開展出**,促進社區與校方的文化交流。

此類專業課程不僅使學生深入了解地方文化與產業需求,亦透過「**設計行動參與**」的過程,強化其**觀察力、問題解決力與同理心**,並培養人本導向的設計價值觀。

設計教育的核心不再僅是美學與技術,而是如何透過設計回應人與社會的需求。本課程架構將**服務學習與專業技能相結合**,實現創意實作與社會實踐的雙重價值,成為推動地方創生與學生成長的平台。

圖 1-3:帶領學生專業課程融入服務學習

三、成果展現與產學鏈結之貢獻

(一) 課程延伸發展:教材、講座、展演
1.教材開發、校內外工作坊/講座推廣

計畫主持人自 **2020 年至 2023 年** 期間，積極投入數位教材與教具的開發（表 1-9、圖 1-4），融合 **創新設計理念** 與 **產業實務需求**，以提升教學成效與學生專業能力。教材設計緊扣課程核心，並納入 **STEAM 教育理念** 與 **數位創作趨勢**，涵蓋設計創意思維、媒體企劃、互動科技與虛擬角色創作等主題，強化學生多元能力與職涯競爭力。教材主題多元且具創新性，包含：

- 「吃到飽設計吧」：以情境式體驗學習促進設計基礎能力建構。
- 「塗塗鴉鴉—超心機設計」：結合設計心理學與視覺操作訓練。
- 「AR+VR X 未來新設計」：結合互動藝術與沉浸式媒體應用。
- 「VTuber 角色創作」、「VTuber 社群媒體創作」：引導學生掌握虛擬角色設計與數位內容生成技術，培養新興媒體素養。
- 「AI 設計玩家」：導入生成式 AI 工具，引導學生進行創意思維與圖像生成應用。

這些教材皆由主持人 **親自策劃、撰寫教材內容與圖例設計**，除應用於課堂教學外，亦有效輔助學生於專題實作與競賽準備中獲得佳績。教材於多場次教師社群、院校工作坊中進行分享與應用，獲得校內外教學評鑑高度肯定。

此外，教材亦配合學生專業實習與產學合作進行調整與轉化。例如，於「**經典設計專案研究**」課程中推動農創酒標設計案、**AR 互動導覽實作案等**，讓學生將課堂所學實際應用於業界提案與產出成果，實現知識轉化與實務落地。

表 1-9：近年來持續數位教材編制

年份	計畫名稱	實施課程
2025	海洋生物提升 VTUBER 造型設計應用	動畫角色與動作捕捉
2024	美肌魔式-解構版面視覺設計技法	廣告設計
2023	VTuber 社群媒體創作	VTuber 社群媒體創作
2021	包裝實務設計：新春禮盒設計	包裝設計實務
2021	VTUBER 角色創作	經典設計專案研究
2021	包裝實務設計：新春禮盒設計	包裝實務設計
2020	台灣農創酒標商品開發設計	經典設計專案研究
2020	改進教學計畫：AR+VR X 未來新設計	互動藝術設計
2020	平面媒體企劃實務與整合	媒體企劃實務與整合
2019	翻轉教學課程：色彩計畫	色彩計畫
2018	改進教學計畫：設計獎好玩	國內外競賽輔導
2018	改進教學計畫：塗塗鴉鴉-超心機設計	設計心理學
2017	改進教學計畫：吃到飽設計吧	廣告設計
2017	改進教學計畫：玩出好設計	視覺傳達設計
2017	改進教學計畫：商業設計實務達人	商業設計實務

圖 1-4：參加高教深耕實務精進數位教材編制與成果發表

2.教師創作、講座與校內外獲獎紀錄

如表 1-10、1-11 所示，研究者近年在教學與創作上表現卓越，獲得多項校內外獎項與肯定，展現教學實踐與藝術創作的雙重專業成果。

在教學評量方面，研究者持續獲得學生高度評價與學校表揚。自 **110 學年度**起，榮獲**教育部教學實踐研究計畫績優主持人**殊榮，並於本校獲選為 **111 學年度優良導師、教學績優與傑出教學獎**，顯示其在課程設計與學生輔導層面具備卓越表現。這些榮譽亦感謝學校與教育部計畫的支持，使教學內涵與實踐操作日益豐富，具備風格與跨域價值。

表 1-10：近年來校內得獎榮譽

年度	得獎名稱
113	教育部教學實踐研究計畫「計畫名稱：STEAM-6E 融入海洋生物以提升虛擬角色實作課程之學習成效」獎狀
112	東南科技大學-研究績優獎
112	東南科技大學-優良導師獎

年度	得獎名稱
112	教育部教學實踐研究計畫「計畫名稱：STEAM 結合跨領域提升虛擬人形象設計之實作技能與學習成效」獎狀
111	教育部教學實踐研究計畫「計畫名稱：創造思考策略融入 STEAM-6E 教學提升跨領域 Vtuber 創作學習效能」獎狀
111	東南科技大學-優良導師獎
111	東南科技大學-教學績優獎
111	東南科技大學-教學傑出獎
110	東南科技大學-研究績優獎
110	教育部教學實踐研究計畫「計畫名稱：運用 6E 模式於 STEAM 教學活動提升 Vtuber 實作課程學習效能」獎狀
108	東南科技大學-創意創新教學獎銀獎
108	東南科技大學-優良導師獎

表 1-11：近年來校外得獎榮譽

年度	得獎名稱
114	「從海洋靈感到角色商品：跨域設計教學的實作研究」，2025 教學實踐研究研討會（國立高雄科技大學）佳作
114	「從海洋意象到虛擬角色：VTuber 教學設計與學生學習成效之實踐研究」，2025 教學實踐研究與創新線上研討會暨論文口頭發表競賽（亞洲大學）優良
113	教育部教學實踐研究北區基地跨校教師社群績優社群獎，台灣教學故事第二章，國立臺北科技大學
112	教育部教學實踐研究北區基地跨校教師社群績優社群獎，台灣教學故事第一章，國立臺北科技大學
112	教學實踐計畫績優計畫講座演講，「計畫名稱：運用 6E 模式於 STEAM 教學活動提升 Vtuber 實作課程學習效能」，台北城市科技大學

年度	得獎名稱
111	教育部教學實踐研究計畫「用 6E 模式於 STEAM 教學活動提升 Vtuber 實作課程學習效能」計畫績優主持人獎
107	最佳論文獎，張美春、蔡昀珊（2019 年 06 月）。應用繪畫來探討兒童對安全標誌的設計。2019 第 12 屆台灣數位媒體設計學會國際研討會，台灣，亞洲大學
107	最佳論文獎，張美春（2019 年 10 月）。孩子認得他們嗎?探討學齡前兒童對安全圖像的識認與聯想。2019 創新設計國際研討會，台灣，致理科技大學

創作與展覽成果

研究者積極參與藝術設計創作與展覽活動，將教學內容延伸至專業實踐場域，主要成果包括：

- **教育部 USR 計畫 x 深坑圖書館展覽**：策劃「深坑限定寶」、「山海呼喚－海洋生物設計展」，結合社區文化與環境永續教育，實踐教學社會參與。
- **國際展覽參與**：
  - *11th Asia Graphic Design Triennale 2021 亞洲平面設計三年展（韓國首爾）*
  - *2022 長沙臺灣首屆漢字創意設計邀請展*
  - *2021 台灣海報設計會暨國際海報邀請展*

上述展覽不僅展現研究者的設計美學與社會關懷視角，更有效連結教學內容與實務創作，提供學生實踐與觀摩的典範。

專題講座與經驗分享

研究者也積極參與教學實踐計畫分享與教學工作坊講座，推動教育經驗的擴散與交流。近期參與之講座包括：

- **2025 教學實踐分享講座**：〈社群的魔法：寫出成功計畫書的秘訣〉
- **2025 正修科技大學分享會**：〈我的教學實踐研究績優計畫經驗談〉
- **2024 教學實踐工作坊**：〈教學實踐研究中的實戰妙招與心法秘笈〉
- **2023 教學績優經驗交流會**
- **2024 績優與傑出教師經驗分享會**

這些活動顯示研究者不僅關注個人教學品質，同時也致力於推廣教學知識、協助同儕教師提升課程品質，展現教育推廣熱忱與領導力。

（二）成果延伸展現：研究、計畫

1. 教學實踐經驗撰寫發表

送審者近年積極投入教學實踐與研究成果發表，如表 1-12，將教學現場經驗與課程創新策略轉化為具體研究議題，聚焦於學生學習成效、跨域整合能力、數位設計應用與 STEAM-6E 模式之實踐。透過系統性研究與公開發表，持續累積學術產出與實務貢獻。

這些研究成果涵蓋國內外研討會論文、學術期刊發表與教育部教學實踐計畫延伸成果，內容主題涵蓋虛擬角色設計、AR/VR 應用、STEAM 整合、6E 教學法實作、數位素養教學、在地文化商品設計等領域，充分展現研究者於**數位媒體設計、教育科技應用與創意教學**領域的深耕與創新。以下為近年發表之研究成果彙整（詳如表 1-12）：

- **主題涵蓋廣泛**：從兒童安全繪本教育、擴增實境教學應用、虛擬角色與 VTuber 課程設計，到 AR 智慧眼鏡與文化遺產導覽的互動設計。
- **國內外發表並進**：不僅參與國內專業學術會議（如台灣數位媒體設計學會、教學實踐研討會），亦投稿至國際會議（如 ICCAD、IEEE SSIM），拓展研究視野。
- **期刊論文成果豐碩**：發表於《亞東學報》、《景文學報》、《大學教學實務與研究學刊》等刊物，展現跨界設計與教學實務研究的深度與品質。
- **計畫延伸與實證深化**：多篇成果直接來自教育部核定之教學實踐研究計畫，具備理論支撐與實務成效驗證。

這些發表成果不僅有助於學術能見度的提升，更有效促進教學知識的分享與擴散，實現「**研究回饋教學、教學推動研究**」的雙向循環，也為技職教育場域建立可複製與研究典範。

表 1-12：近年來教學實踐研究相關發表

年份	研討會論文	研討會/期刊
2025	從海洋意象到虛擬角色：VTuber 教學設計與學生學習成效之實踐研究	中亞聯大教學實踐研究與創新研討會，亞洲大學
2025	從海洋靈感到角色商品：跨域設計教學的實作研究	教學實踐研究研討會，國立高雄科技大學

年份	研討會論文	研討會/期刊
2024	虛擬蛻變：虛擬角色造型與身份探索的跨域教學探索	中亞聯大教學實踐研究與創新研討會，亞洲大學
2024	海洋生物變身大師—角色設計的聯想與實作	2024 海洋廢棄物國際研討會，中原大學
2024	沉浸文化觸碰：ARCS 模式融入 AR 虛擬角色實作之教學實踐	2024 第 17 屆台灣數位媒體設計學會國際研討會，國立台北商業大學
2024	地方創意的力量：運用設計思考開發地方商品設計的教學實踐	2024 第 10 屆海峽兩岸創新與融滲式教學研討會，東南科技大學
2024	整合 STEAM-6E 模式進行 VTuber 實作開發及教學實務研究	大學教學實務與研究學刊，8 期，第 2 卷。
2023	探究擴增實境虛擬角色互動設計與應用探討	景文學報，33 期，第 2 卷
2023	VTuber 跨域體驗：創造思考策略融入 STEAM-6E 課程之教學實踐	亞東學報，43 期，第 2 卷
2023	探究擴增實境虛擬角色互動設計與應用探討	景文學報，33 期，第 2 卷。
2023	奇思妙想—探究 STEAM 於虛擬角色之聯想學習體驗	2023第十屆海峽兩岸創新與融滲式教學研討會，東南科技大學
2022	Development and design of AR smart glasses virtual guide applied to exhibitions	2022三十五屆電腦視覺圖學及影像處理研討會，國立勤益科技大學
2022	STEAM-6E 融入專題式學習於 VTuber 設計課程之實踐與反思	2022 通識與 STEAM 教育國際研討會，淡江大學

年份	研討會論文	研討會/期刊
2022	從 STEAM+6E 教學探討 VTuber 虛擬角色的實作經驗	2022 教學實踐研究研討會，國立高雄科技大學
2020	教與學的創意互動-探討兒童對安全教育繪本創作與表現	2020 工程技術、管理科學與教育研討會，東南科技大學
2020	從現場教學觀點探討學齡前兒童對安全圖形的學習與理解	第十八屆管理學術國際研討會暨 2020 台灣數位媒體設計研討會，國立勤益科技大學
2020	以擴增實境增進互動圖卡設計與學習之探討	2020 第七屆海峽兩岸創新與融滲式教學研討會，東南科技大學
2021	從社群媒體數位工具創新應用看大學生對虛擬角色設計之意圖與成效	2021 台灣數位媒體設計學會國際研討會，大同大學
2021	Applying the 6E Model in STEAM Teaching Activities to Improve Practical Courses and Student Creative Performance – Taking the Development of Virtual Idol Product Design as an Example	ICCAD 2021: International Conference on Creative Arts and Design, New York, United States.
2021	STEAM+6E 教學之初探-以 VTuber 虛擬網紅課程為例	2021 第八屆海峽兩岸創新與融滲式教學研討會，東南科技大學(2021/12/03)

2.教學專書/專章、研究計畫成果分享

如表 1-13《**虛擬形象力：STEAM-6E 跨域設計教學實踐**》，本專書聚焦於 STEAM-6E 教學模式在虛擬角色設計課程中的應用，系統化呈現作者於技職校院推動跨域整合教學的創新成果。書中從教學理念、

課程設計、實務操作到學生成果展示，詳細紀錄了以科學、科技、工程、藝術與數學（STEAM）融合「6E 學習歷程」（引發、探索、解釋、延伸、評鑑、賦能）導向之課程發展。透過實證教學案例，展現如何結合虛擬角色、AI 動畫、海洋教育與多媒體技術，培養學生創造力與產業實作力。專書亦提供課程推動歷程反思，為從事數位設計與教學創新的教育者提供具體實踐參考。

《虛擬主播 VTuber 實作的創新教學實踐》，本書以 VTuber（虛擬主播）產業崛起為背景，深入探討 VTuber 教學課程的規劃、創新與執行歷程。作者結合 3D 建模、動作捕捉、數位角色設計與直播技術，推動學生從基礎理論、角色企劃到數位內容創作的全方位能力養成。專書內容涵蓋教學活動設計、學生專題製作、業界合作實例及競賽成果，展現教學實踐與產業接軌的多元面向。此書對於數位媒體、設計教育及新媒體創作者提供重要的理論指引與教學案例，是技職教育關課程開發的寶貴資源。

表 1-13：近年來教學實踐研究專書發表

年份	專書
2025	虛擬形象力：STEAM-6E 跨域設計教學實踐
2025	虛擬主播 VTuber 實作的創新教學實踐

（三）產學計畫鏈結發展

如表 1-14，為深化教學實踐成果並擴大教育影響力，本計畫積極

建構推廣機制,透過課程平台建置、校內外展演、產學合作、場域應用與延伸計畫整合,推動多元跨域發展。各公部門產學計畫案與具體成果與延伸策略如下:

表 1-14:近年來各公部門產學計畫案

年份	計劃案
114	國科會技專校院實務型研究專案計畫-原住民衣飾數位化與 AI 虛擬角色展演之創新設計應用(NT 700,000),主持人
113	教育部大學社會責任計劃案(112~113)-淡藍市場-科技數位典藏服務培力典藏服務培力計畫(NT3,000,000),協同主持人
112	教育部大學社會責任計劃案(111~112)-淡藍市場-科技數位典藏服務培力典藏服務培力計畫(NT3,000,000),協同主持人
112	國科會計劃案－企業數位化虛擬員工之形象塑造開發設計及擬人化影響實證研究(提案申請),主持人
111	教育部辦理補助社教機構之數位人文計畫-《蕃人觀光日誌》數位教材製作與應用(NT3,000,000),共同主持人
111	教育部辦理補助社教機構之數位人文計畫-《蕃人觀光日誌》數位教材製作與應用(NT3,000,000),共同主持人
111	國科會計劃案,虛擬社群中以智慧分身進行展演與數位內容共享與共創(提案申請),主持人
110	國科會(MOST 110-2637-H-236-001)-數位雙生智慧眼鏡之 AR 數位導覽與虛擬人物互動內容開發應用 (NT 800,000),主持人
109	國科會計劃案(109WFDD910011),兒童意外預防視覺溝通設計(提案申請),主持人
108	教育部辦理補助社教機構之數位人文計畫(108 教第 031 號)-臺灣古地圖與采風之國際化教材與創意教具發展計畫(NT3,000,000),共同主持人

年份	計劃案
108	108 產學第 060 號，校園鑫馬獎競賽輔導暨推廣計畫，企業產學計畫(含公營及私人企業) (NT100,000)，主持人

1. VTuber 人才與虛擬網紅培訓機制

自 2018 年起，東南科技大學數位媒體設計系成立「**VTuber 虛擬主播創作人才培訓基地**」（圖 1-5），本計畫主持人連續數年導入 VTuber 教學，發展完整培訓課程體系，並於 2020 年整合數媒系、數遊系、表藝系資源，設立「**虛擬網紅影音製播中心**」，提供全校共享設備與教學資源。

- **課程導入與媒體曝光**：至今已累計 23 篇新聞報導、8 家電視媒體專訪，建立良好產學聲量。
- **校內實務接案機制**：中心亦結合教學計畫，提供學生實作平台，接觸業界案源，涵養影音製播、社群行銷與虛擬形象開發能力，銜接未來數位雙生、沉浸式內容產業需求。

圖 1-5：專業實習課程輔導及 VTuber 培訓人才基地

2. 元宇宙虛擬角色與 AR 智慧眼鏡開發應用

因應數位轉型與 XR 新興產業趨勢，計畫主持人帶領團隊投入「**AR 智慧眼鏡與虛擬角色整合應用**」研究與教學（圖 1-6）：

- 2021 年參與**科技部技術實作計畫**，以虛擬 IP 結合 3D 建模、動畫捕捉與智慧眼鏡互動導覽系統開發為主軸，發展數位雙生導覽應用。

- 培育學生在**內容創作、角色開發與多模態互動應用**之能力，並透過科技部大專生研究計畫，協助學生完成研究與業界實務接案，提升學術與業界轉譯能力。

- 作品成果於**國科會技專校院技術成果展**發表，獲選亮點計畫，展現高階應用潛力與社會價值。

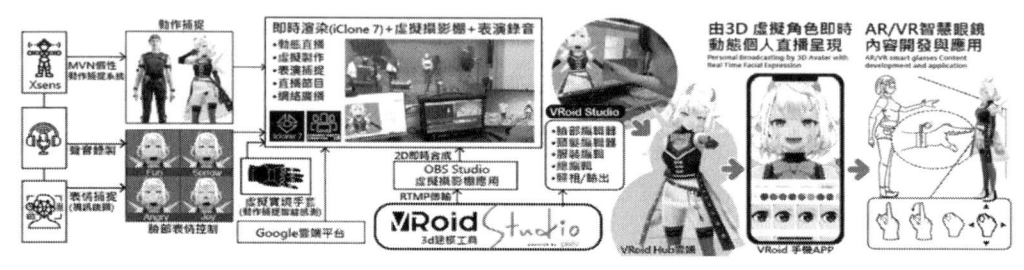

圖 1-6：數位雙生虛擬角色 AR 智慧眼鏡創作開發與應用

3. 元宇宙互動藝術設計中心與跨域產學合作

為延續虛擬創作教學成果並拓展未來人才培訓場域，數媒系預計於 2023 年設立「**元宇宙互動藝術設計中心**」（如圖 1-7），整合系內外教學能量，發展虛擬內容產業鏈式人才培訓：

- 中心將設置「**Avatar 虛擬人物創作工作室**」，結合造型設計、數位髮妝、虛擬服裝、聲音工程與肢體表演，打造虛擬人設計全流程培育機制。
- 規劃與**創意產品設計系**、**表藝系**、**數位遊戲系**進行課程合作與資源共構，建立完整角色創作與場域實踐生態系。
- 搭配教學實踐與產學提案機制，提升學生參與實作案、展演案與競賽案之機會，實現虛擬角色從設計到產業應用之完整訓練模式。

圖 1-7：Metaverse 互動藝術設計中心

4. 推廣平台與教學延伸應用

多項教學成果已延伸應用至其他公共場域與教育部專案中，包括：

- **USR 計畫 – 淡蘭市場地方創生**：整合虛擬角色設計、3D 建模與地方商品包裝，重塑地方品牌形象。
- **教育部數位人文計畫**：《蕃人觀光日誌》數位教材製作，將歷史文獻轉化為沉浸式學習內容。
- **國科會成果展與亮點發表**：AR 智慧眼鏡導覽作品成為展會焦點，具教育與文化雙重應用潛力。

5. 國科會技專校院技術實作成果展亮點計畫

本計畫聚焦於**數位雙生技術**與 **AR 智慧眼鏡**之整合應用（如圖 1-8），旨在提升文化場域（如博物館）之互動性與沉浸式導覽體驗。團隊與**佐臻科技公司**合作，採用 *J-Reality AR 智慧眼鏡*，實現「釋放雙手」的直覺互動功能，並導入**腦機介面技術**，進一步強化使用者情境感知與參與度。

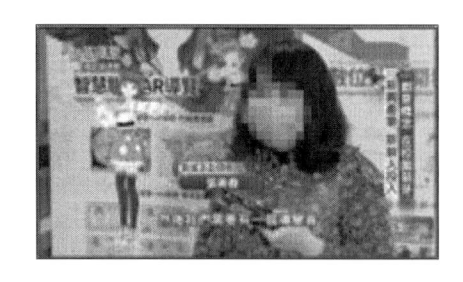

圖 1-8：《新聞思想啟》第 42 集-PART3 虛擬網紅 VTuber 掀潮流

在產學共創方面，團隊與**國立臺灣圖書館**合作，參與《蕃人觀光日誌》**數位教材製作專案**，涵蓋動畫繪製、角色配音與配樂整合，並於十二年國教課程進行**試教實驗**，大幅提升學生學習動機與參與感，並獲專家與師生一致好評。

此一成果成功實踐**跨域技術轉移**與教育應用場域的落地發展，展現本校在數位人文與 AR 應用的研發實力，亦為文化科技融合教育典範。

6. 教育部 USR 計畫─淡蘭市場計畫

本校 USR「科技數位文旅典藏服務培力計畫」以**淡蘭市場地區**為

核心場域，強調「**在地連結**」與「**人才培育**」，推動社區文化活化與創新發展。研究團隊與**深坑地區**商圈協作，設計地方文創商品，並導入**虛擬角色、3D 建模與動態影音設計**技術，將學生設計專長有效轉化為可商品化之產出（如圖 1-9）。

本計畫整合數媒系教學資源與學生創意，讓學生透過實地田調、商品設計與品牌包裝，深入理解地方產業脈絡，激發其對**在地文化與創業精神**的認同，達成人才與地方雙向培力的目標。

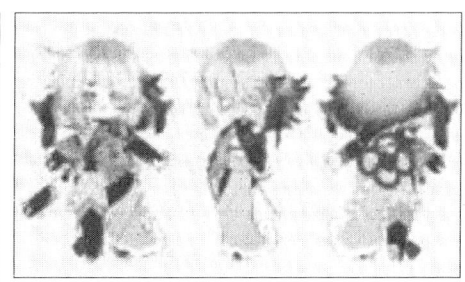

圖 1-9：USR 計畫–淡蘭市場科技數位文旅典藏服務培力計畫

7. 教育部社教機構數位人文計畫：數位教材開發與應用

自 105 年起，東南科技大學與**國立臺灣圖書館**合作推動社教機構數位人文計畫，歷年完成《臺灣番社圖》與《六十七兩采風圖合卷》等珍貴館藏的**數位化與教材轉譯**，為文化典藏數位教育應用奠定基礎。

在 111 年度延伸計畫中，以《蕃人觀光日誌》為主題，開發系列數位教材與互動內容。計畫由研究者擔任**共同主持人**，指導學生與協力廠商合作，創作三位臺灣原住民頭目的 **3D 虛擬角色形象**與 **AR 互動舞**

台設計（如圖 1-10），並導入至高中職進行試教與觀摩。

該教材成功結合文化、科技與教育三大領域，並以「**典藏活化與教育推廣**」為目標，展現優異的**數位內容創作實力與文化永續實踐力**。

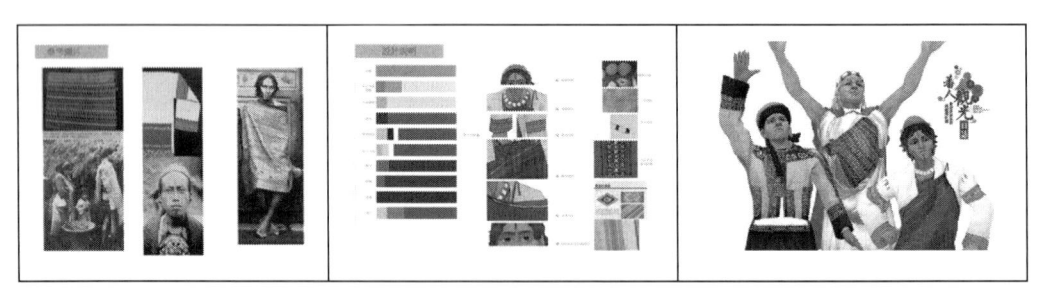

圖 1-10：《蕃人觀光日誌》原住民角色開發製作過程

結論與結語

本章綜整近年筆者於教學實踐、學生學習成果、數位教材開發、跨域合作與永續發展之多元成就，展現筆者以「設計創新」為核心所推動之 STEAM-6E 教學模式，不僅於虛擬角色（VTuber）與 AR 數位應用等新興領域建立實踐基礎，更引導學生在跨域整合與實作中厚植職能，具體展現設計教育的價值與社會影響力。

透過「**教學研究結合產業實務**」、「**教材教法導入數位工具**」、「**學生成果參與競賽、實習與社區服務**」、「**技術實作成果展推廣亮點計畫**」等面向，展現本專書從教學現場出發、進而實踐「**教育×創新×永續×在地**」的目標。

核心成果總結：

- **教學創新落實**：導入 STEAM-6E 模式進行課程設計與教材開發，提升學生學習動機創造力。

- **學生亮眼表現**：多次獲得國內外設計競賽獎項、國科會大專生研究計畫核定、跨域專題製作成果深獲業界肯定。

- **產學與 USR 實踐**：與地方社區合作進行品牌包裝與文化轉譯，實踐設計專業社會責任。

- **人才永續培育**：成立 VTuber 創作基地、推動 AR 智慧眼鏡開發與元宇宙互動藝術中心，構建長期的人才發展與實作場域。

- **未來期許**：未來將持續深化跨領域整合教學與數位應用實踐，擴展教學場域至更多公共與文化平台，結合社群與產業趨勢，建立完整的「教、學、研、用」一體化系統。並期望透過本計畫成果的推廣與交流，帶動更多教師投入實踐研究，推動高教創新。

最後，感謝教育部教學實踐研究計畫的支持與本校師生共同努力，使本專書能持續深化與精進，期盼未來能以教學為橋，連結產業與社會，讓創新教學點亮更多學生的學習旅程。

前言

隨著數位科技快速發展與產業型態多元變革，當代高等教育與技職教育面臨著前所未有的挑戰與契機。設計教育的本質已不僅止於單一技能或知識的傳授，更強調跨域整合、創新實作與社會實踐。身為長期深耕於技術實作與教學實踐領域的教師，筆者有幸見證、參與並推動這一波**數位設計教育的轉型**，特別是在**虛擬角色設計、VTuber 創作及 STEAM-6E 跨域教學等課程的探索與創新。**

本書《**虛擬形象力：STEAM-6E 跨域設計教學實踐**》即是在這樣的時代脈動與教育需求下誕生，匯聚筆者過去十年於教學實踐研究、跨域課程發展與產學合作中的歷程、成果與反思。期能為同樣投身數位設計、教學創新與產業鏈結的教育者、研究者與實務工作者，提供一套具體可行、兼具理論與實務的教學模式與推動經驗。

專業知能的持續累積與教學信念的轉化

自 2015 年起，筆者從「視覺傳達設計」作為教學與研究起點，逐步將重心轉向「**數位設計、虛擬角色與 VTuber 產業**」相關領域。這一路走來，既是個人專業知能的深耕歷程，也是自我教學信念與實踐方法持續反思與轉化的過程。起初，教學多半著重於單一科目的技能傳授與課堂知識測驗，但隨著時代演進，教育現場的複雜性與多元性日益突顯，促使我逐漸將「**跨領域**」、「**技術實作**」、「**創意引導**」與「**產業接軌**」視為課程設計的核心。

2018年以後,在數媒系長期推動虛擬主播(VTuber)實作課程之下,逐步將教學主軸聚焦於「以技術實務為導向的跨域教學實踐」。透過串聯表演藝術、觀光管理、資訊科技與設計美學等不同系所教師,合力建構出多元且具整合性的課程架構。學生不再僅僅是被動接受知識的學習者,而是在跨域團隊中主動探索、協作創新、面對真實問題的行動者。此種教學觀的轉化,亦形塑了我在教學實踐歷程中的核心信念:**技術即創新、跨域即未來、實作即學習。**

跨域實踐與技術創新——STEAM-6E 模式的應用

近年來,STEAM 教育的推廣已成國際設計與技術教育的重要趨勢,而筆者亦於教學現場積極嘗試導入 6E 學習流程（Engage、Explore、Explain、Elaborate、Evaluate、Extend）,將課程規劃從「單元教學」轉化為「問題導向、歷程循環、成果發表」的教學實踐模式。以**「虛擬人形象設計」**與**「海洋主題虛擬角色創作」**兩項教學計畫為例,課程從議題引發（如：環境保護、地方創生）、實地探索、專家講座、技術實作、團隊協作、成果展演,到跨域交流與產學鏈結,構成一個完整的學習生態系統。

這樣的跨域與技術整合,不僅提升學生對於專業知識的掌握,更強化了其面對多變未來所需的適應力、溝通力與創造力。以課程實作成果來看,學生作品能夠結合 3D 建模、AI 互動、動畫敘事、直播運營與品牌經營,反映出從**「做中學」**到**「學中創」**的能力遞進。而在多次 USR 計畫、校際合作與在地社群連結中,學生不僅學會技術,更透過實際參與文化、觀光與產業創新專案,培養了社會關懷與地方認同。

教學實踐、研究與推廣的多重成果

經過十年持續投入，筆者在本領域累積了豐碩成果：共執行 17 件教育部與國科會相關計畫，推動 13 次創新或翻轉教學(PBL)計畫、發表國內外論文 30 餘篇、主編及參與專書 6 部、製作 8 套數位教材及多項教具。學生於教學過程中，亦多次於國內外設計競賽、創新創業、產學合作等舞台上獲獎，展現技術與創意雙重實力。此外，本人亦多次帶領教師團隊規劃跨院系、跨校合作，推動 STEAM-6E 跨域教學理念向全校乃至校外推廣。

特別值得一提的是，本書所收錄的兩大課程實踐案例——**《虛擬人形象設計課程之教學實踐（STEAM-6E 導向）》**與**《海洋主題虛擬角色創作課程之教學實踐（STEAM-6E 導向）》**，均為跨院系、跨專業的典範課程。從課程設計、教學現場到成果推廣，不僅反映了個人教學信念的深化，更彰顯團隊合作、資源共享與學用合一的核心價值。

融合理論與實務，回應高教與技職教育的時代需求

回顧這段歷程，筆者深刻體會到：**教育的本質在於回應時代、預見未來、實踐創新。** 高等教育與技職體系之所以能為社會注入新活力，關鍵在於能否及時整合新興科技、設計思維與在地文化資源，形塑學生面向未來的能力底蘊。因此，本書強調以**實徵研究方法驗證教學理論與實務間的連結，將教學、服務、研究與學生輔導融為一體**，不僅滿足當前產業對創新人才的需求，更為學校、社區及產業界提供共創共學的合作典範。

展望未來，筆者將持續深耕 **STEAM-6E 導向課程與虛擬角色設計的教學創新**，擴大與產業界、學界、地方社群的協作，推動虛擬人設計教育與實踐研究進一步升級與國際化。同時，也希望這本專書能作為同儕教師、研究者及實務工作者的教學夥伴與資源庫，推動台灣技職教育與高等教育的持續進步與跨域發展。

本書架構說明

本書內容主要分為三大部分：

第一部分 回顧教學實踐研究的歷程，聚焦於專業知能的累積與學習成長、創新教學的實驗推進與反思精進、以及果展現與產學鏈結之貢獻的多元成效；

第二部分則以兩項具代表性的 **STEAM-6E 導向課程作為實務案例，第一代表案例為虛擬角色設計跨域課程、第二代表案例海洋角色虛擬角色實作課程等**，從中深入解析從教學理念、課程設計、教學實作、成果展現到創新貢獻的完整歷程；

第三部分 進行**總結與展望，反思本報告的核心價值、未來教學創新的推動方向**，以及對高等教育與技職體系發展的期許。

結語

教育是一場不斷蛻變與追尋的旅程，每一位教學實踐者都是時代進步的推手。期待本書所分享的教學歷程、課程設計經驗與教學創新反思，能激盪更多有志教育者的熱情與想像，讓我們在虛擬與現實的交會處，為學生、學校與社會創造出更深遠且持久的價值。

系列代表著作一

STEAM 結合跨領域提升虛擬人形象設計之實作技能與學習成效

本篇獲「112 年度大專校院教育部教學實踐研究計畫-(計畫編號 PSK1123232)
STEAM 結合跨領域提升虛擬人形象設計之實作技能與學習成效」補助
並於 112 年度教學實踐研究計畫 [專案] 技術實作學門成果交流會公開發表

經匿名審查

虛擬形象力：STEAM-6E 跨域設計教學實踐

教育部教學實踐研究計畫成果報告

Project Report for MOE Teaching Practice Research Program

計畫編號/Project Number：PSK1123232

學門專案分類/Division：[專案]技術實作

計畫年度：112 年度一年期

執行期間/Funding Period：2023.08.01 – 2024.07.31

STEAM 結合跨領域提升虛擬人形象設計之實作技能與學習成效

Improving Practical Skills and Learning Effectiveness in Virtual Human Image Design by Integrating STEAM with Interdisciplinary Learning that Matches.

(視覺傳達設計/ Visual Communication Design)

計畫主持人(Principal Investigator)：張美春 助理教授

執行機構及系所(Institution/Department/Program)：

東南科技大學／數位媒體設計系

獲獎證明

教育部 112 度教學實踐研究計畫「STEAM 結合跨領域提升虛擬人形象設計之實作技能與學習成效」獎狀，東南科技大學

公開發表證明

發表證明

東南科技大學張美春助理教授於民國113年8月6日參與「教學實踐研究計畫[專案]技術實作學門成果交流會」出席發表（計畫編號：PSK1123232）特此證明。

主辦機關：教育部
執行單位：財團法人高等教育評鑑中心基金會
　　　　　教學實踐研究計畫專案辦公室

中華民國113年8月

113年度教學實踐研究計畫[專案]技術實作學門成果交流會
（計畫編號：PSK1123232）

STEAM 結合跨領域提升虛擬人形象設計之實作技能與學習成效

張美春

東南科技大學 數位媒體設計系 助理教授

摘要

針對數位媒體技職體系學生學習動機低落的挑戰，本研究結合 6E 學習模式與跨域 STEAM 教育（科學、技術、工程、藝術與數學），以提升學生的創造力與學習成效。本研究以視覺傳達設計課程為背景，將「虛擬角色設計」作為核心教學內容。初步觀察顯示，學生在角色創作中高度依賴個人想像，缺乏實地觀察經驗，對傳統文化與表演藝術的理解亦顯不足。為解決上述問題，本研究提出以強調「藝術與人文」面向的跨域 STEAM 教學設計，藉以強化學生創造力。課程規劃分為兩個教學模組：（1）「角色識別設計」，著重於品牌形象與媒體視覺呈現；（2）「角色造型與表演藝術融合」，則與表演藝術系合作推動。課程採用「專題導向學習（PjBL）」架構，分為期中與期末兩階段實施。第一階段學生設計虛擬角色的品牌識別、直播介面與社群媒體圖像；第二階段學生參與跨域工作坊，內容涵蓋劇場、造型與表演設計，最終以「暗黑哥德風虛擬角色跨域展演」進行成果發表。研究結果顯示，參與本課程後，學生在設計表現與實作技能上皆有顯著提升。此一成果顯示，結合跨域與體驗導向的學習策略，能有效增進技職教育學生的創作能力，並為未來課程創新提供寶貴的參考方向。

關鍵字：6E 模式、跨領域學習、虛擬角色設計、技職教育、學習成效

Improving Practical Skills and Learning Effectiveness in Virtual Human Image Design by Integrating STEAM with Interdisciplinary Learning that Matches

Mei-Chun Chang

Tungnan University, Department of Digital Media Design, Assistant Professor

Abstract

This project will carry out the training and research of technical talents in virtual human image design. The expectation of this project is to achieve the innovative experience of shared prosperity, sharing, and co-creation through interdisciplinary collaboration. In the past, visual communication design courses in digital media departments were mostly graphic design courses. In this study, the idea of the virtual human will be introduced for visual communication design teaching. This project will be conducted by combining mentoring and peer learning methods with the integrated learning of STEAM. Different from traditional character styling, the interdisciplinary learning method presented in this project will combine the perspectives of experts in digital makeup, hairstyles, and clothing, and explain the design of styling from the craftsperson's aspect so that students can learn to reinterpret styling design from an interdisciplinary perspective. Using the theme of virtual humans, this course includes four units: Unit 1 (pre-knowledge and software technology learning); Unit 2 (virtual human styling design: character building, digital makeup, hairstyles, and clothing styling); Unit 3 (virtual human image design: visual identification design and application); and Unit 4 (virtual human publicity design: marketing activity planning, including cartoon memes, stickers, and dynamic performance).

Through peer mentoring and learning by doing, the students, teaching assistants, teachers, and practitioners taking part in the project can learn from each other and grow. With the assistance of a scaffolded learning strategy, students' confidence and efficiency can be improved. In the process of implementation, this study will implement individualized teaching plans, provide rolling feedback and remedial teaching, and introduce the university and industry collaboration of "cultivating talents using actual cases". By doing so, students can learn real-world industry proposals, the gap between learning and application can be reduced, and a more solid foundation can be laid for students. These steps can also introduce more industry needs to create a win-win situation for the industry, universities, and research.

Keywords: STEAM integrated teaching, cross-disciplinary, virtual human, image design, practical skills

一、教學、課程或設計理念

（一）課程設計的核心理念

前言：數位內容時代的設計教育挑戰

隨著全球數位科技與媒體生態的劇烈變遷，虛擬實境（VR）、擴增實境（AR）、動作捕捉（Motion Capture）、人工智慧（AI）等新興科技，已深刻改變動畫、遊戲、行銷與教育的產業樣態。**虛擬角色（Virtual Characters）與虛擬主播（VTubers）**的崛起，不僅帶動產業規模成長，也促使「虛擬人格」（Digital Persona）成為新世代內容傳播與社會互動的關鍵主體（Ishii, 2020）。

自 2016 年日本虛擬 YouTuber「絆愛（Kizuna AI）」現象級崛起後，全球 VTuber 產業鏈迅速擴大。**據 Grand View Research（2023）報告，全球虛擬角色市場規模預計至 2030 年將達到超過 500 億美元，應用涵蓋娛樂、廣告、教育、醫療、文化推廣等多元領域（Grand View Research, 2023）**。這一現象不僅彰顯虛擬角色的經濟、文化與社群價值，更預示未來設計教育需強化跨域整合力與數位創新素養（Luo, Liu, & Ren, 2021）。

技職教育現場的課程設計困境

在台灣，虛擬角色設計與 VTuber 產業，已成為技職體系及新媒體相關系所之重點培育方向。**各校陸續將 3D 建模、角色動畫、聲音設計、

敘事美學、社群經營等教學納入課程（Huang, Chang, & Hsu, 2021）。
然而，推動歷程中普遍遭遇以下挑戰：

- **學生能力差異大**，部分學習者基礎薄弱，影響教學進度與學習品質；
- **現行課程多以工具/技能為主**，缺乏系統性設計與理論整合（Chang & Lin, 2021）；
- **難以對接產業職能與真實需求，造成學用落差；**
- **學生作品常流於模仿與風格追隨，缺乏文化深度與敘事反思**（Chen & Lin, 2022）。

核心理念：STEAM-6E × 虛擬角色教學

為回應上述困境，本課程以「提升技職體系學生學習動機與創造力」為目標，深度結合 6E 學習模式（Engage、Explore、Explain、Elaborate、Evaluate、Extend）與 STEAM（Science, Technology, Engineering, Arts, Mathematics）跨域學習精神（Bybee, 2009；Li, 2019）。

6E學習模式包含：**Engage（引發）**，課程中會以以產業趨勢、案例分析或文化議題喚起學習動機，連結課程與學生職涯發展；**Explore（探究）** 來引導學生探索虛擬角色設計流程，從觀察、資料蒐集到創意發想，建立設計基礎（Dole, Bloom, & Kowalske, 2016）；**Explain（解釋）** 會以結合理論教學與技術實作，深化角色造型、動畫、聲音設計、品牌識別等多元知識；**Elaborate（延伸）** 透過專題實作、跨域協作，強化技能應用與創意發展；**Evaluate（評鑑）** 會運用同儕互評、業界回饋等多元評量機制，提升學習反思與作品優化（Mao, 2019）；**Extend**

（賦能）教師會鼓勵學生將所學應用於產業實務、公開展演或社群運營，延伸學習成果至校外與職場。

跨域融合：設計×科技×人文

本課程以「**虛擬角色設計**」為核心，**強調視覺傳達、品牌識別、社群媒體形象與直播介面設計，並整合表演藝術美妝、敘事設計、動畫技術、AI 與 AR 應用等要素**。學生自創意發想起，逐步進入跨域協作、團隊實作歷程，**同時強化藝術與人文素養、文化敘事力與社會關懷能力**（Cheng, Tsai, & Huang, 2020）。

課程以「做中學、學中創」為教學核心。實踐中，學生需面對角色品牌企劃、3D 建模、數位動畫、虛擬直播、互動群眾經營等複合型任務。藉「**專題導向學習（Project-Based Learning, PjBL）**」與「**創造性問題導向（Creative PBL）**」**模式**，學生在實作中累積專業知能、團隊協作與創意思辨（Buchanan et al., 2016）。

培養三大核心能力

課程設計強調三大核心能力的養成：

- **創意表達**：培養學生由文化觀察、社會議題或個人經驗發展出獨特虛擬角色形象與敘事（Qian, Xu, & Wang, 2022）。
- **文化轉譯**：結合在地文化、流行語彙或社群現象，強化設計的文化深度與辨識度。
- **提案溝通**：訓練學生於跨域專案、業界實習中，以專業語言進行

設計提案、簡報與協作，提升職場競爭力（Leavy, 2020）。

實證導向的教學創新

本課程強調「理論與實務並重」並結合學習評量、學習歷程檔案、成果發表及業界回饋，持續優化教學內容與方法（Wu, Hsu, & Hwang, 2022）。同時，積極參與 USR（University Social Responsibility）及產學合作計畫，促使課程成果轉化為地方創意、商業提案或公開展演，深化學生學用合一與社會參與（Vasinayanuwatana & Plianram, 2023）。

（二）創新教學目標與策略

隨著虛擬實境（VR）、擴增實境（AR）及人工智慧（AI）等科技持續革新，數位內容產業的發展正快速改變設計教學現場的面貌（Johnson et al., 2016；Grand View Research, 2023）。在全球 VTuber、虛擬角色創作熱潮下，**數位設計教育從過去「技能導向」逐步轉型為「跨領域整合、團隊協作與品牌價值」的全方位素養養成（Ishii, 2020）**。然而，教育現場面臨學生技術落差、學用脫節與創意深度不足等問題，亟需以創新策略突破傳統瓶頸（Voogt & Roblin, 2012）。

1.創新教學目標

建立跨域整合的虛擬角色設計教學模式，本課程以 STEAM 與 6E 教學循環（Engage、Explore、Explain、Elaborate、Evaluate、Extend）為核心，鼓勵學生主動參與、反思與實作。研究顯示，STEAM 結合探

究導向學習能有效促進學生在創意設計、問題解決與實作應用的整體能力（Yakman & Lee, 2012；Henriksen, 2014；Bybee, 2009）。

強化學生創意表達與團隊合作，以 Project-Based Learning (PjBL)結合跨域合作，能促進學生於資料蒐集、角色設定、設計提案等歷程中，不僅發展原創能力，也培養溝通協作及跨界思考（Kokotsaki, Menzies, & Wiggins, 2016；Capraro, Capraro, & Morgan, 2013）。同時，透過數位平台（如 VR/AR、3D 動畫、社群行銷）將課堂設計與真實情境對接，證實能顯著提升數位素養與應用力（Liu, Scordino, Geurtz, Navarrete, Ko, & Lim, 2014）。

創造產學協作與專業社群學習，教學研究指出，與產業專家協同設計課程，能有效縮短學生學用落差、促進創新產業鏈發展，並提升學生進入職場的自信與能力（Sanders & Stappers, 2014；Tsai, Liao, & Lee, 2012）。

完善專案管理與職場銜接訓練，新世代設計教育須注重學生的專案規劃、時間管理、行銷簡報、團隊協作與自我反思能力，才能因應數位內容產業多變需求（Binkley et al., 2012）。

2.核心策略與課程架構

問題導向與專題實作課程設計，本課程結合問題導向學習（PBL）及專題導向學習（PjBL），鼓勵學生自發提出問題、設計專案並進行全流程實作。Barrows（1996）指出，PBL 可提升高階思考、實作與自主學習能力，而專題導向學習則促進跨領域知識整合與創新（Capraro et al., 2013)。

跨域協作與多元學習場域，邀集設計、表藝、行銷、AI 等領域專家協同授課，並規劃校外實習、業界專案與社群發表活動。Krajcik & Blumenfeld（2006）認為，真實任務情境有助於提升學生職場準備度與解決問題能力。

產學鏈結與專案實習，課程設計與產業專案接軌，讓學生參與品牌企劃、直播表演、角色商品開發與社群經營等全產業鏈歷程，強化其產業應變力與專業作品集建立（Sanders & Stappers, 2014；Wu et al., 2020）。

多元評量與學習歷程檔案，採用團隊專案、個人作品集、學習歷程檔案、成果發表、同儕互評等多元評量方式（Hattie, 2009），鼓勵學生自我檢視與學習優化，並建立職涯發展必備之專業資料（Portfolio）。

3.預期成效與展望

學生學習動機與專業能力提升，STEAM 與 PjBL 的結合，已被證實能促進設計思考、團隊協作與原創表現（Henriksen, 2014；Capraro et al., 2013）。教學社群與產學合作平台成形，跨域教師社群與產業專家平台，有助於教學資源共享與持續優化，推動地方創生與社會實踐（Tsai et al., 2012）。學用落差縮短與職涯發展路徑擴展，實務導向課程提升學生產業銜接力，拓展其多元職涯可能（Wu et al., 2020）。

小結：STEAM-6E 導向的創新設計教育藍圖

總結而言，本課程以 STEAM-6E 為教學架構，虛擬角色設計為核心，突破傳統技職教育單一技能訓練，建構跨域融合、文化深耕、產業實踐並重的創新模式。未來將持續課程優化，深化數位內容設計專業，為台灣及國際新媒體設計教育提供前瞻發展藍圖。

二、教學、課程、設計理念及學理基礎

（一）STEAM 跨領域融合的學理意涵

1. STEAM 跨領域

STEAM 教育最大特色在於將「科學、技術、工程、藝術、數學」多元知識統整，打破傳統學科藩籬，強調專題解決、實作導向與創新應用。美國教育家 Georgette Yakman（2008）提出 STEAM 教育理論時，特別強調藝術（Arts）與人文（Humanities）之加入，**能促進學生系統性思維、創造性解決問題及自我表達能力**，進而帶動設計與科技整合課程的創新（Yakman, 2008）。而 Henriksen（2014）在探討 STEAM 課程發展時，則強調藝術素養不僅豐富學科內容，更能作為連結其他知識領域的橋梁。

國際實證研究證明，STEAM 導向課程可有效提升學生的創造力、問題解決能力與學習動機。例如，**Mejias et al.（2022）針對歐洲多國 STEAM 推廣計畫發現，STEAM 專題不僅促進學生主動學習，亦有助於弱勢學生融入多元學習情境，培養其團隊合作與跨域整合能力**。Fan, Yu, & Lou（2020）則以台灣高中 STEAM 課程為例，證實跨領域專題學

習能提升學生於創意構思與專案設計的自主表現,顯示「藝術×科技」的實作歷程在東亞社會同樣具備可行性。

2. 6E 學習模式的融合意涵

將 STEAM 精神與「**6E 學習模式**」(Engage、Explore、Explain、Elaborate、Evaluate、Extend)結合,形成一套具有啟發性與系統性的**教學設計框架**。Bybee(2009)強調,6E 循環歷程能從「動機引發」起始,逐步引導學生經過探索實作、知識建構、深化延伸、評估反思到最終的持續賦能,推動學生從被動接收走向主動學習。此循環設計,特別適用於創作導向及專題型課程,能有效強化學生的學習主體性、知識統整與創意產出(Bybee et al., 2006;Krajcik & Czerniak, 2018)。

Lin, Hsieh, & Liu(2023)於虛擬實境導向的 STEAM-6E 課程研究中,發現該模式顯著提升學生課程參與度與創新思維,尤其對於基礎能力不一與創作經驗不足者,更能透過**結構化、階段性的學習歷程**獲得支持。同時,Yang(2023)於數位敘事結合 AR 教學案例中,亦指出 STEAM-6E 課程能強化學生將數位工具內化為創意手段,**進而提升敘事結構、角色建構與內容轉譯的能力**。

跨域課程實例與分段運作,在本研究的課程設計實踐中,STEAM-6E 模式被導入「虛擬形象力」為核心的角色創作課程,並融合跨域表演、AI 設計與數位敘事四大面向。課程依循 6E 分段設計,操作如下:

- **Engage(引發動機)**:以產業真實專案、時事議題或文化元素導入,提升學生對虛擬角色設計的興趣與學習意願。研究指出,當學習

任務具備現實挑戰性並連結學生生活經驗時，能顯著增進其自主學習動機（Fredricks, Blumenfeld, & Paris, 2004）。

- **Explore（探究實作）**：學生進行資料蒐集、角色觀察、同儕討論與手繪草圖，進行初步設計與多元參考。依據 Kolb（2015）體驗學習理論，實際動手操作與互動能深化知識印象，促進概念內化。

- **Explain（知識建構）**：結合理論講解、技術示範與專家座談，協助學生將探索成果轉化為具體設計概念與敘事架構（Krajcik & Czerniak, 2018）。

- **Elaborate（深化延伸）**：透過跨域協作，邀請表藝系教師進行角色演繹、造型表演與舞台展演，讓學生親身體驗虛擬角色在不同媒體載體上的多元發展。國際 STEAM 設計教育研究也證明，表演藝術協作有助於學生跨域素養與表達力提升（Henriksen, Mehta, & Mehta, 2015）。

- **Evaluate（評估反思）**：運用同儕互評、專家講評與學習歷程檔案檢視，幫助學生自我檢討並優化設計成果（Herro, Quigley, & Jacques, 2017）。

- **Extend（持續賦能）**：鼓勵學生將角色設計延伸應用於產業實習、公開發表與社群經營，增強學用結合與社會參與（Fan et al., 2020）。

綜上所述，**STEAM-6E 模式**結合課程系統化與多元階段設計，能有效推動學生的跨域知識整合、創造力發展與主動學習。虛擬角色設計課程的應用經驗亦顯示，結構化分段任務設計不僅提升學生的學習動力，更可促進創意生成、技術整合及產業應用能力。

（二）STEAM-6E 在創作導向課程之實務應用

1. STEAM-6E 於課程之應用

STEAM-6E 教學模式融合了 **STEAM 跨域學習理念**與 **6E 學習流程**，為當代教育變革中的教學創新典範。該模式整合科學（Science）、科技（Technology）、工程（Engineering）、藝術（Arts）與數學（Mathematics）五大領域，並結合六階段學習歷程：**Engage（引發動機）**、**Explore（探索實作）**、**Explain（解釋概念）**、**Elaborate（延伸應用）**、**Evaluate（評估表現）**與 **Extend（持續發展）**。透過循序推進的教學結構，引導學生由知識認知走向應用實作，最終完成具創新與意義的成果發表。

當前技職教育與設計教育正值數位轉型與跨域融合的關鍵時刻，「**6E 學習模式**」（**Engage、Explore、Explain、Elaborate、Evaluate、Extend**）在國際 STEAM 教育發展中被視為推動創新教學的重要理論基礎。其核心理念在於從學習動機的引發出發，強調學生親身參與、知識建構與實作歷程，逐步深化認知並落實於創意產出與持續學習中（Bybee et al., 2006; Sanders, 2009）。

2. STEAM-6E 於設計與技職課程的應用實證

近年來，STEAM-6E 模式已廣泛應用於設計、工程、數位媒體與職業教育中。以虛擬角色設計與數位內容創作課程為例，學生透過 6E 架構，在主題發想、角色設定、3D 建模到動畫製作等階段，皆能循序

推進學習與創作，提升其問題解決能力、團隊合作與創新實作成效（Herro, Quigley, & Jacques, 2017）。Lin et al.（2020）實證研究亦指出，結合 STEAM-6E 與虛擬實境課程設計，能顯著提升學生在學習動機、創造力與課程滿意度等層面的表現，特別是對具不同學習風格與能力層次的學生，提供更彈性與適性化的學習支持。

在專題導向學習（Project-Based Learning, PBL）場域中，6E模式有助於學生從真實問題出發，整合科學、工程、設計與社會議題，發展跨域創新思維。例如 Cheng, Chen, & Tsai（2020）的研究發現，STEAM-PBL 課程顯著促進學生設計解決方案的能力，並強化其對工程與設計核心概念的理解與應用。

總結來看，6E 學習模式結合 STEAM 跨域精神，已成為設計教育與技職教學中促進主動學習、創新實作與專題整合的重要策略。其循環架構與多階段設計，能有效協助學生從被動接受知識，轉向主動探索、批判思考與持續創新，進而提升其專業素養與職涯競爭力。

（三）專題導向學習（PjBL）在設計教育的應用

1.專題導向學習（PjBL）理論基礎與內涵

專題導向學習（Project-based Learning, PjBL）是一種以學生為中心、強調主動探索與真實任務解決的教學策略。PjBL 強調學生在開放性問題或真實情境中，以團隊協作、跨域整合、親自參與研究與製作的方

式，進行長期專案導向學習活動。其核心理念來自建構主義學派（Constructivism），主張學習應建立於真實經驗與個人知識建構之上（Thomas, 2000; Blumenfeld et al., 1991）。

根據 Bell (2010) 指出，PjBL 四大核心元素包括：(1) 以專題任務驅動學習、(2) 強調探究與創新、(3) 團隊合作與角色分工、(4) 產出具體成果並公開展示。Barrows（1996）亦將問題導向學習（PBL）與 PjBL 區分，PjBL 更強調「完整作品的產出」與「長期追蹤式學習歷程」。

PjBL 的優勢與侷限，PjBL 已在 STEM 與設計教育廣泛應用，被證實具備提升學生多層次能力的效果。優勢包括：**增強學習動機與參與度**：PjBL 將學習任務與現實世界連結，激發學生主動性（Hmelo-Silver, 2004）。**促進批判思維與問題解決力**：學生需自主尋找資訊、分析問題與生成方案，提升高階思維能力（Capraro & Slough, 2013）。**培養團隊合作與溝通能力**：長期小組協作可提升跨領域協調與社會互動技巧（Krajcik & Blumenfeld, 2006）。**強化知識統整與專案管理經驗**：有助於學生將理論、技能、實作、簡報等多元素養整合（Thomas, 2000）。

缺點與挑戰則包括：**教師指導負擔較重**：需投入較多課程設計、監控與評量工作（Mergendoller, Markham, Ravitz, & Larmer, 2006）。**學生間能力落差影響專案品質**：需細緻規劃團隊分工與激勵機制（Mills & Treagust, 2003）。**評量多元與難以標準化**：成果展現形式多樣，需發展合適評分標準（Bell, 2010）。

2.專題導向學習（PjBL）在設計課程之應用實證

國際上，PjBL 廣泛運用於設計、藝術、建築、數位媒體與工程領域。例如，Mills 與 Treagust（2003）分析澳洲大學工程設計課程發現，PjBL 能顯著提升學生在創新設計、問題解決、簡報表達及協作管理等面向的表現。Sun et al.（2022）於數位媒體設計專題課程實驗亦證實，PjBL 模式能提升學生在原創內容開發、跨域技術應用與產業職能銜接上的實務能力。在台灣，王如哲等（2019）針對設計學院專題課程之調查顯示，**PjBL 能有效促進學生自主學習、跨領域協作、作品發表及對產業趨勢的敏銳度**，並強調「學用合一」是高等設計教育不可忽視的核心精神。

跨領域課程之意義與實踐，跨領域（interdisciplinary）課程強調不同學科間的知識、技能與視角整合，是設計教育近年轉型的重點。例如，Zhou, Kim & Kerekes（2021）指出，**設計教育融入科技、人文、藝術與社會議題，有助於學生培養「解決複雜問題」及「多元溝通」的能力**。真實世界的設計挑戰（如品牌識別、角色行銷、跨域展演等）往往涉及多學科知識，唯有跨領域合作，方能產生具創新與實用價值的解決方案。

課程設計可依主題與目標，分為期中「品牌識別與社群圖像設計」與期末「跨域角色造型與表演設計」兩階段。以「暗黑哥德風虛擬角色跨域展演」為例，學生需結合視覺設計、角色動畫、表演藝術與市場行銷，從角色設定、敘事企劃、視覺造型到舞台展演，全程進行團

隊協作、分工與產出，最後於校內外公開場合進行成果發表，模擬真實產業流程。

課程實施歷程與問題反思，實施歷程通常包括：**分組議題探討**：明確分工、界定角色職能。**資料蒐集與分析**：實地觀察、專家訪談、社群趨勢追蹤。**設計發想與原型建構**：融合創意發想、數位繪圖、3D建模、角色敘事等。**協同展演與動態呈現**：結合表演藝術進行角色演繹與實體/虛擬展演。**成果發表與多元評量**：同儕互評、專家講評、產學實習回饋。

問題挑戰包含學生專業基礎差異、跨域溝通障礙、專案管理經驗不足、評分標準建置困難等（Krajcik & Blumenfeld, 2006; Zhou et al., 2021）。教師需以引導者與協調者角色，持續提供資源、反饋與激勵，協助團隊解決溝通、時程與品質控管問題。

設計教育的 PjBL 實踐成效，最新研究指出，設計教育透過 PjBL 能有效：**促進學生於真實專案中整合設計思維與專業技能**（Sun et al., 2022）。提升設計作品的原創性、實用性與市場價值。培養跨領域協作、簡報溝通與自我評估等「未來職場核心能力」。強化學生的產業接軌力，讓學習成果直接轉化為作品集、專案提案與職涯競爭力（王如哲等, 2019）。

總結而言，PjBL 不僅是一種課堂教學模式，**更是推動設計教育創新、培養產業實戰力、激發學習主體性的重要策略**。隨著數位科技、AI、虛擬實境等新興媒介融入課堂，未來 PjBL 將持續成為跨域設計教育的關鍵方法論。

（四）技職教育創新與學習成效

隨著虛擬實境（VR）、人工智慧（AI）與直播產業的發展，虛擬角色設計（Virtual Character Design）已成為數位內容設計與創作教育中的關鍵領域。在技職體系與藝術設計專業教育中，虛擬角色不再僅是靜態視覺創作，更牽涉到敘事邏輯、跨媒材整合、即時互動與平台營運。透過結合 STEAM 或 C-STEAM 教學模式，虛擬角色教學展現出強化學生整合能力、創造思維與科技應用的潛力，形成跨域融合與產學對接的實作典範。

1.全球技職教育的發展趨勢

隨著第四次工業革命推動科技與產業的快速變革，全球技職與設計教育面臨著極大轉型壓力。特別是在數位內容、人工智慧、虛擬實境（VR）、擴增實境（AR）與即時互動等新興領域的興起下，**現代技職教育不僅要培養學生的技術操作能力，更需著重跨域整合、創意表達、設計思維與產業接軌**（OECD, 2021）。

傳統以技術為本的教學模式已無法滿足新世代設計產業的需求，全球多國均積極推動 **STEAM（Science, Technology, Engineering, Arts, Mathematics）或 C-STEAM（Culture + STEAM）等跨學科教學模式，強化學生的創造力、系統性思維與多模態學習**（Marginson et al., 2013）。

2.創新課程設計與國際實踐案例

芬蘭：Theseus 大學 STEAM 導向藝術設計課程，芬蘭長期被譽為高等教育改革與創新教學的典範。以 Theseus 大學為例，該校近年來將 STEAM 理論融入虛擬角色創作課程，強調繪圖、數位建模、角色設計與敘事開發的跨領域融合。**課程引入遊戲化學習（gamification）與專題導向學習（project-based learning），讓學生由文化觀察、故事原型、個人經驗出發進行虛擬角色設定，強調自主探究、協作討論與創意思辨**。據 Bennett（2016）研究，該課程能有效促進學生的文化敏感度、原創設計力與跨域溝通表達，展現技職教育結合理論與實踐的高度彈性（Bennett, 2016）。

美國：Ethnocomputing 與 STEAM 跨域虛擬角色課程，美國設計教育強調數位工具與文化元素的結合。Eglash 等人（2021）於其 STEAM 設計教學推動「ethnocomputing」概念，將 3D 建模、動畫、程式設計與族群文化故事結合，協助高中與大學技職生從社會議題或在地文化出發，設計具象徵意義的虛擬角色。**學生不僅學會技術的應用，更能內化數據、模型與敘事的轉譯能力（Eglash et al., 2021）**。課程過程要求學生以開放式專題設計數位角色，發展故事腳本、角色動畫、互動機制，並於多元媒體平台發表，提升其批判思維與系統性表達。

中國：數位孿生與地方文化的虛擬角色課程，中國技職體系則積極結合地方文化資產與數位技術。Tang 等人（2023）以「醒獅文化」為主題，開發數位孿生（digital twin）角色設計課程，融合 AR 技術、圖像設計與互動展示。學生需深入田野調查、文化資料蒐集，並運用建模軟體設計角色造型、動態動作與場景，最終於虛擬平台進行公開

展演。研究證明,該課程有效提升學生的文化意識、原創設計力及科技應用力,具體展現 STEAM 教育推動的產學融合典範(Tang et al., 2023)。

3.台灣技職教育現場的創新課程實踐

在台灣,虛擬角色設計逐漸被納入科技大學、技職院校之數位設計、媒體藝術等課程主軸。例如,中部某科技大學推出「虛擬直播主開發與營運」課程,學生需熟悉 Blender、Live2D、OBS 等專業軟體工具,進行角色設計、模型製作、動畫動作模擬及直播演出測試,並將學習延伸至品牌包裝、社群經營與商業提案。**此類課程不僅強調技術訓練,更注重設計思維、故事行銷與產業鏈整合,使學生畢業即具備數位內容產業的即戰力**(Lin et al., 2023)。

實作成效與產業接軌,大量研究顯示,創新導向的技職課程能有效提升學生在設計實作、團隊合作、專案管理與產業接軌上的綜合能力。Lin 等人(2023)指出,透過 STEAM-6E 與跨域課程設計,學生在學習動機、原創設計、專案簡報及就業自信等面向皆有顯著提升;而 Bennett(2016)與 Eglash 等(2021)**更強調,跨文化、跨技術的專案設計不僅強化學生專業知能,也大幅促進其國際移動力與創新競爭力。**

此外,Tang 等人(2023)的研究發現,技職生在參與以地方文化為主軸的數位角色設計專題時,更能展現對在地文化的關懷與科技應用的敏銳度。這些成果反映出 STEAM 與 C-STEAM 導向的課程架構,

對於縮短學用落差、強化職場即戰力、培養未來產業多元人才具有不可忽視的影響力。

創新教學模式對設計教育的啟發，總結而言，技職教育中的虛擬角色設計課程，若能落實 STEAM-6E 等跨域融合策略，將大幅突破傳統設計教學的單一技術導向限制。**教師須以「引導者」、「協作者」與「專案教練」角色，持續優化課程內容**，鼓勵學生參與產業實作、專案提案、校外展演與社群經營，並從真實問題解決、文化內化與多模態表達等層面，強化學生的自信與專業素養（Marginson et al., 2013; OECD, 2021）。

未來台灣技職教育宜借鏡國際 STEAM 與 C-STEAM 課程創新模式，進一步連結地方產業、文化創意與全球新媒體生態，厚植學生跨領域整合與產業應變力。透過系統化課程設計、實作平台建置與教師專業社群發展，將有效提升整體教學品質與學生職涯發展潛能。

三、主題內容及方法技巧

案例一「虛擬人形象設計」之教學實踐（STEAM-6E 導向）

本課程模組以「**VTuber 虛擬形象設計**」為主題，帶領學生從當代社會議題出發，進行角色創意開發與數位實作，強化敘事能力與視覺造型表達。學生需從使用者觀點思考虛擬角色的情境需求，結合故事腳本、角色外觀與技術應用，最終完成虛擬演出原型。

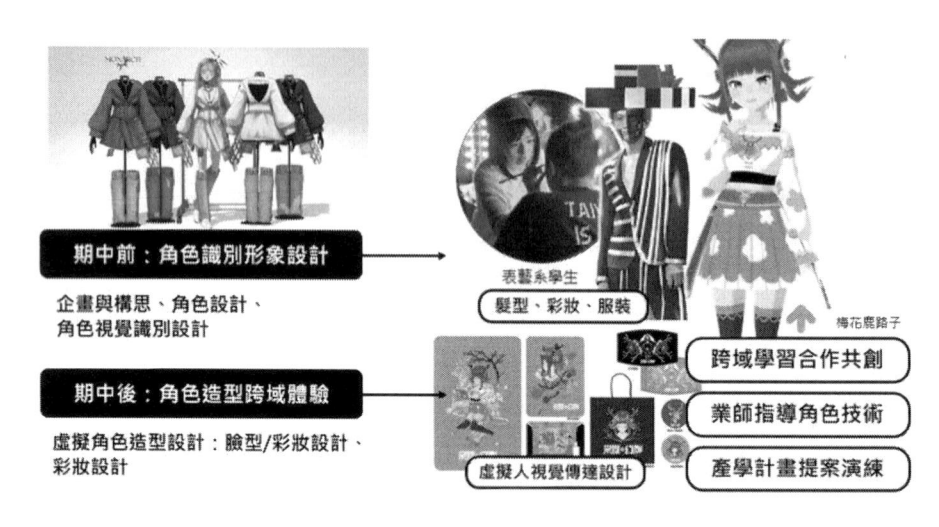

圖 2-1：「虛擬人形象設計」之課程規劃

課程核心理念

本課程核心在於**角色識別系統建構**與**造型風格設計**。學生需掌握視覺語言、造型邏輯與角色敘事三大要素，藉由角色設定反映議題立場與文化價值，並實作具辨識度的虛擬形象。角色發展過程中，學生亦學習將角色性格、背景與動作整合至最終影片中，並進行迭代優化。

跨域合作特色

如圖 2-1，為深化表演性角色的肢體動作與舞台感知，本課程特別**與表演藝術學系教師合作**，由表藝專業導入動作表達、情境演繹與角色定位的訓練。設計科與表演科學生共同協作，讓虛擬角色兼具視覺

魅力與表演張力，跨越設計與表演之間的學科邊界，激發學生多元視角與合作能力。

STEAM 結合跨領域提升「虛擬人形象設計」課程，針對數位媒體技職體系學生學習動機低落的挑戰，本研究**結合 6E 學習模式與跨域 STEAM 教育（科學、技術、工程、藝術與數學），以提升學生的創造力與學習成效**。本研究以視覺傳達設計課程為背景，將「虛擬角色設計」作為核心教學內容。

初步觀察顯示，學生在角色創作中高度依賴個人想像，缺乏實地觀察經驗，對傳統文化與表演藝術的理解亦顯不足。為解決上述問題，本研究提出以強調「藝術與人文」面向的跨域 STEAM 教學設計，藉以強化學生創造力。課程規劃分為兩個教學模組：**(1)「角色識別設計」**，著重於品牌形象與媒體視覺呈現；**(2)「角色造型與表演藝術融合」**，則與表演藝術系合作推動。

課程採用「專題導向學習（Project-Based Learning, PjBL）」是一種以學生為中心的教學方法，強調學生主動參與、探究、解決問題並產出具體成果的學習方式，分為期中與期末兩階段實施。第一階段是學生設計虛擬角色的品牌識別、直播介面與社群媒體圖像；第二階段是學生參與跨域工作坊，內容涵蓋劇場、造型與表演設計，最終以「暗黑哥德風虛擬角色跨域展演」進行成果發表。

就主題內容及方法技巧，分為：研究設計、研究對象與抽樣方式、教學情境與課程場域、教學設計與實施、課程設計與規劃、研究分析方法和小結來說明。

（一）研究設計

本研究目的在於探討 STEAM 結合跨域教學提升實作技能，如圖 1 STEAM-6E 於虛擬角色實作課程的對應關係，從中運用設計思考訓練工具啟發學生，是否提升學生之學習成就和創意自我效能（創意思維、創意實作）。研究自變項為跨域教學（實施前測和實施後測），依變項學習成就和創意自我效能，研究架構如圖 3-3 所示。

此外，本研究亦針對執行專題設計後，學生對課程教學滿意度之調查，檢測項目包括教師教學、課程教材、專業知識和專業態度。本研究提出之研究假說為：假說1（H1）：STEAM結合跨域教學正向影響學習成就；假說2（H2）：STEAM結合跨域教學正向影響創意構思；假說3（H3）：STEAM結合跨域教學正向影響創意實作。

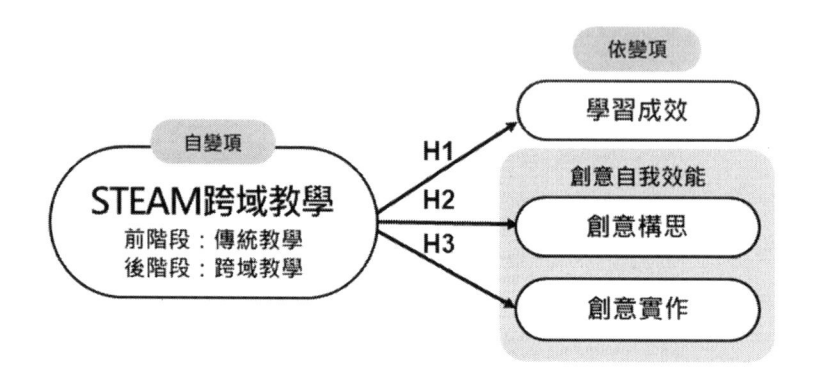

圖 2-2：「虛擬人形象設計」之研究設計架構圖

（二）研究對象與抽樣方式

本研究之參與對象為東南科技大學數位媒體設計系大學部二年級

學生,修習本系專業必修課程者為研究樣本。根據表 3-1,樣本共計 45 位學生,其中男性 20 人(46.7%)、女性 24 人(53.3%);另就學歷背景觀之,具高職設計相關科系畢業者有 28 人(62.2%),其餘 17 人(37.8%)來自其他學制。所有參與學生皆已完成基礎設計訓練課程,包括角色設計、素描基礎、繪圖軟體操作與色彩計畫等,具備進行進階實作學習所需之基本專業能力。

表 2-1: 受測者基本資料

項目		樣本數	百分比(%)
性別	男	21	46.7%
	女	24	53.3%
畢業高職(中)科別	本科(多媒、廣告、美術等等…)	28	62.2%
	非本科(高中、資訊、餐飲等等…)	17	37.8%

　　研究實施場域分布於該校數位媒體設計系與表演藝術系之實驗教學空間。主要教學與資料收集場地為志平樓 102 數位媒體電腦教室,配備 Adobe 專業繪圖軟體、可供租借之繪圖板,以及 VTuber 相關角色開發工具。鄰近設施包含虛擬攝影棚、錄音室、VTuber 專業教室與展演中庭等,可支援數位創作、影像錄製與實作展示活動。

　　此外,課程後期亦安排至中正大樓 10 樓表演藝術造型教室進行跨域合作與角色風格發展訓練。該場域擁有展演廳、服裝設計室、彩妝設計室與造型教學空間等,適合作為跨領域設計實踐之場地。所有量化問卷施測、質性訪談與學習歷程觀察,皆於上述兩大場域內完成。

（三）教學情境與課程場域

為培育具備虛擬角色設計與表演整合能力之新興人才，本研究課程於東南科技大學數位媒體設計系內進行，依據系上規劃所設置之「虛擬網紅人才培訓基地」進行實作教學。課程設計整合跨領域資源與教學場域，提供學生從概念發想到實作展演的全方位學習體驗，培養其在虛擬角色創作、敘事設計與技術應用等能力。

課程採兩階段進行。第一階段為理論與技術基礎訓練，安排於開課後前 8 週，於數位媒體設計系電腦教室進行授課，內容涵蓋虛擬角色設計理論、角色風格造型、數位繪圖與影片製作等知識技能。第二階段自第 9 週起進入實作整合與專題製作階段，學生進入表演藝術系造型工作室，接受為期 4 週之劇場美學與風格造型訓練，藉此拓展其藝術風格與敘事視角。最終，學生以小組方式完成以「暗黑哥德風」為主題的虛擬角色創作專題，進行成果展演。

圖 3-4 說明本課程如何透過教學場域整合與資源協作，實現理論與實務的雙軌並進。在師資方面，本課程導入「師徒制」教學模式，邀請來自業界的專業設計師與品牌創意總監擔任指導業師，進行單元式教學與實作輔導。師資陣容如圖 4-2 所示，包括品牌設計領域業師 2 位、角色造型設計師 1 位，以及表藝造型設計領域業師 2 位。學生可透過與業師互動討論，深化對角色創作精神與專業技法的理解。

場域設備方面，參與本課程之學生需具備基礎設計能力，包括角色設計、美工繪圖、色彩計畫等基礎課程訓練。實作場域如圖 3-5 所示，涵蓋以下設施：

(1).數媒系場域：虛擬攝影棚、數位錄音教室、專業繪圖教室、55台搭載 Adobe 軟體的專業繪圖電腦、可租借之繪圖板與 VTuber 開發工具、耳機麥克風、4K 高解析度大螢幕及約 20 坪展演空間（可容納 8 面展板與 1 座小型舞台）。

(2).表藝系場域：造型設計工作室、服裝設計室、彩妝教學空間與劇場舞台，提供學生進行藝術造型、劇場演出風格設計與敘事演練的實作空間。此外，課程亦安排學生觀摩表藝系的劇場展演活動，使其能從實境中體驗角色互動與表演氛圍，進一步強化其虛擬角色之敘事思維與創作深度。

圖 2-3：「虛擬人形象設計」場域與課程之間的合作機制

數媒系電腦教室上課情景 　　　　　數媒系作品展演

表藝系服裝設計教室 　　　　　　　表藝系造形工作室

圖 2-4：「虛擬人形象設計」場域設備

（四）教學設計與實施

1.課程架構

　　本課程設計結合理論講授與實務操作，如圖 3-6，分為前期「虛擬人形象設計」與後期「跨域角色實作」兩大教學階段。課程導入 STEAM-6E 教學模式，透過課程解說、實作演練、業師協同指導、職場講座、小組討論與成果展演，強化學生的跨域整合與創意實作能力。

　　課程屬數位媒體設計系二年級專業選修，共 2 學分，每週 3 小時，修課人數約 45 人。學生需具備角色設計、數位繪圖與色彩應用等基礎

能力。教學目標為培養學生於「視覺傳達設計」領域之專業素養，並透過跨域協作與專題實作，深化其創造力與表達力。

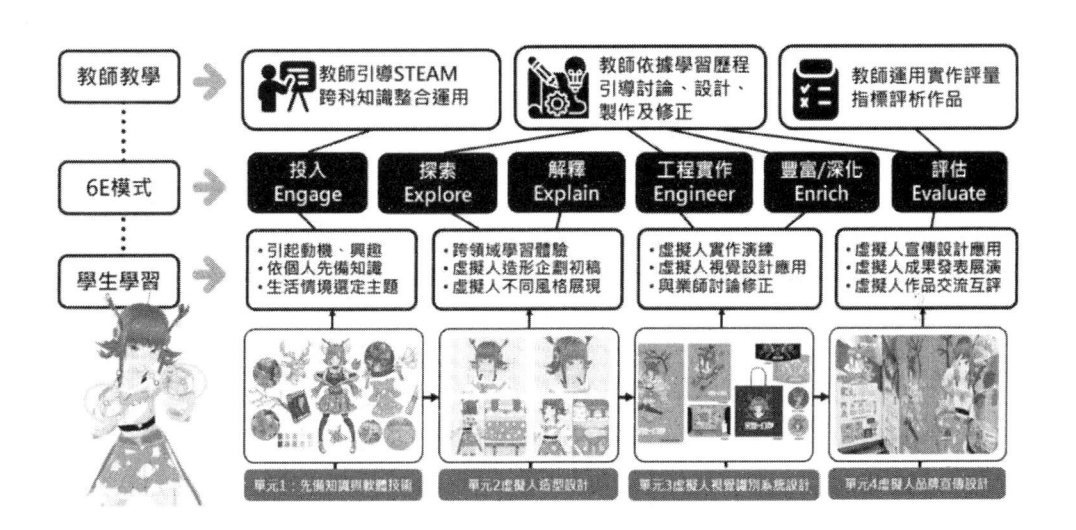

圖 2-5：STEAM-6E 結合跨領域「虛擬人形象設計」課程規劃

2.對應 STEAM-6E 學習活動

本課程依據 STEAM 教育內涵，將學科知識與實作能力對應至 6E 學習流程（Engage、Explore、Explain、Engineer、Enrich、Evaluate），並設計虛擬角色創作課程中各階段的教學活動。如表 2-2 所示，在 Engage、Explore 階段，學生透過手繪、繪圖軟體操作及資料蒐集活動，建立對虛擬角色設計的初步認識。進入 Explain 與 Engineer 階段，學生操作 Illustrator、VRoid Studio 等數位工具進行角色造型設計，

並整合設計原理修正作品；於 Enrich 階段，學生加入美學表現、

色彩搭配與角色設定強化其創作特色。最後的 Evaluate 階段，透過專業評量與成果展示進行作品檢視與反思。此一學習設計策略，強調從基礎技術操作到創意應用的遞進式學習，強化學生在數位素養、美感創作與設計邏輯之間的整合能力。

表2-2：運用 STEAM-6E 於「虛擬人形象設計」課程的對應關係

構面	STEAM知識內涵	STEAM能力指標	6E流程
科學 Science	• 基本的手繪描繪的技術。 • 美工繪圖軟體操作技術。 • 資料收集與VTuber角色設計的認識。	• 具有手繪描繪的技術 • 熟悉繪圖軟體操作技術 • 對虛擬角色設計認識	Engage從事 Explore探索 Enrich豐富
科技應用 Technology	• 繪圖軟體工具 • 電腦周邊工具運用(攝影、錄影、掃描) • 3C用品工具 • 上網技術	• 能使用各種繪圖軟體工具 • 能進行電腦周邊工具運用 • 3C用品工具整合運用 • 擅長上網技術	Engage從事 Explore探索 Explain解釋
工程程序 Engineering	• Photoshop、illustrator(2D)、VRoid 3D虛擬角色等繪圖軟體的操作使用 • 認識研究場域內提供之各類電腦	• 能運用illustrator（2D）、VRoid 3D虛擬角色等軟體繪製工作 • 能運用各設計原理及修正各作品，使作品	Explain解釋 Engineer工程 Enrich豐富 Evaluate評估

構面	STEAM知識內涵	STEAM能力指標	6E流程
	器材	更有特色 • 能了解電腦周邊不同器材使用	
藝術美學 Arts	• 角色色彩計畫 • 角色故事設定 • 角色造型設計 • 角色造型視覺風格	• 能色彩配色運用在角色設計上 • 能將角色造型髮式服裝搭配得宜 • 展現視覺美感的運用角色作品	Explore探索 Explain解釋 Enrich豐富
數學概念 Mathematics	• 角色造型構成之計算 • 角色比例關係的認識	• 能將虛擬造型測量所得之數據加以運用及計算 • 能運用虛擬造型比例大小關係修正或調整作品，直達最佳狀態	Engage從事 Explore探索 Enrich豐富 Evaluate評估

（五）課程設計與規劃

如圖 2-6 所示，以期中和期末分為兩階段進行，課程共有四個單元，分別階一是角色視覺設識別設計，1 到 8 周實施，階段二虛實角色跨域實作是 9~16 周實施。單元 1 先備知識與軟體技術學習、單元 2 虛擬人視覺設計、單元 3 虛擬人造形設計、單元 4 虛擬人共創設計等，最後跨系跨領域的方式進行共創呈現。

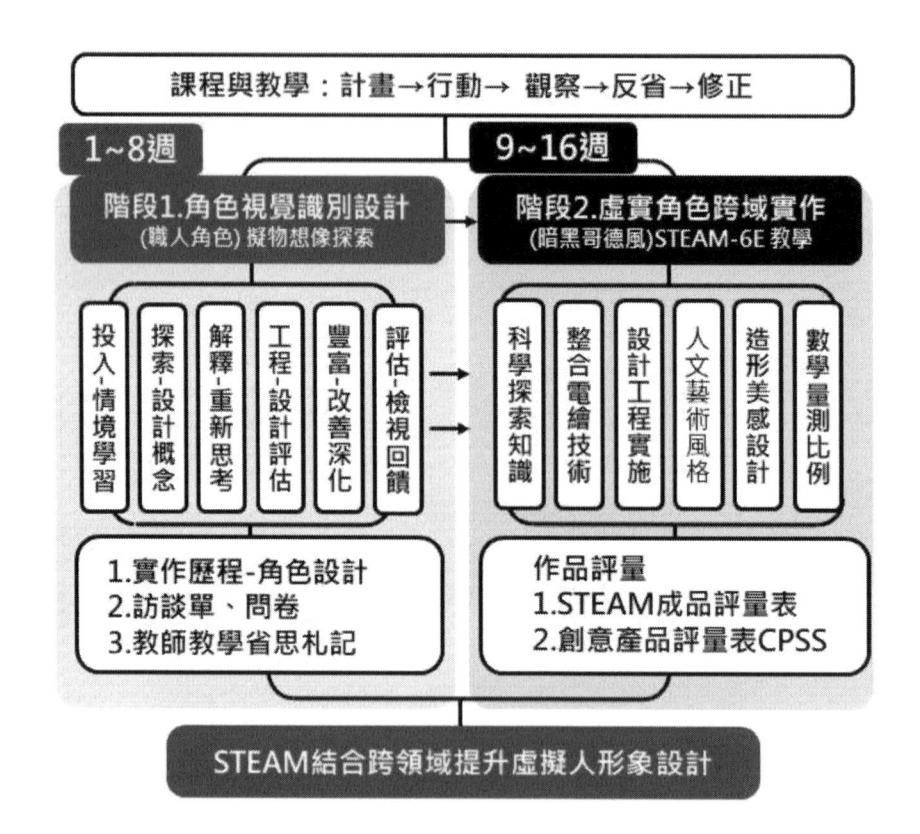

圖 2-6：「虛擬人形象設計」課程進度

　　表 2-3 乃是視覺傳達設計的課程規劃，教學目標以視覺造型來進行「虛擬人形象設計」技術教學，透過本課程安排的設計實務專題教學活動，能來提升學生的實作技能與學習成效。教學方法教運用著 6E 教學模式、問題導向學習法 PBL(Problem-Based Learning)、實作示範教學等複合式教學，課程會進行課程解說、操作教學、業師協同教學、職場講座、實作練習、小組討論、報告發表及作品展演等。

表 2-3：「虛擬人形象設計」課程規劃

課程名稱	視覺傳達設計
授課時數	總計 54 小時(3 小時/週) (實習時數不計入)
授課對象	大學部學生(二年級)
教學目標	• 「視覺傳達設計」教學目標以培養學生對於視覺傳達設計的專業技能，從 LOGO 圖像、文字編排到海報意象的整體視覺設計，本次導入 STEAM 結合跨領域學習，從個人生活觀察出發，重拾探索好奇心，跨域是擴增學習體驗與視野，並應用於實作技術當中，成為多元虛實整合多媒體創意人才。 • 本課程教學目的是採用 STEAM 結合「跨領域」教學，以「學習者為中心」的教育方式，積極培育學生的獨立思考及創造能力，過程中運用 6E 教學模式、專題教學導向(Project-Based Learning，以下簡稱 PBL)來操作。 • 初期分為以視覺造型來進行「虛擬人形象設計」技術教學，包含妝髮服裝跨域學習，並應用於視覺識別系統設計、品牌形象推廣設計，透過本課程安排的設計實務專題教學活動，來提升學生的實作技能與學習成效，同時參加產學計畫提案練習，加強學生對於往後實務工作上的概念，以達到本課程學習的最大效益。
教學方法	• 教學方法運用著 6E 教學模式、問題導向學習法 PBL(Problem-Based Learning)、實作示範教學等複合式教學，課程會進行課程解說、操作教學、業師協同教學、職場講座、實作練習、小組討論、報告發表及作品展演等。 • 跨領域教學方式：虛擬人造型設計會進行各單元實作練習，首先由人物塑造、數位彩妝、髮型到服裝造型，從不同角度來學

課程名稱	視覺傳達設計
	習造型視覺設計，學生都會有虛擬人造型繪圖小作業與學習單。 **教學方法實作操作步驟：** **1. (從事)教師提出待解決的問題** 未能讓學生統整運用相關知識，教師根據教學目標，設計一份結構、開放性的真實性問題，內容盡量符合學生能力、生活經驗。 **2. (探索)成員討論與釐清問題** 初期前段先備知識與軟體技術學習都是屬於個人作業，加強個人技術的訓練，接續有小組討論的練習，屬於(探索)問題探索與知識建構的階段，這個過程中，成員依據教師設計的問題與實作進行演練，教師引導學生探索實作的問題、觀念及學習議題。 **3.(解釋)問題解決與表達** 成員各自針對作品進行解決，並且嘗試去表達出設計理念想法，相互交流蒐集資料及分享心得。教師引導針對其他作品，所獲得資訊進行討論，並構想可能解決方案，藉此發展學生的實作解決問題，進一步提出利弊得失之評估分析。 **4.(工程實作)專題實際操作** 此階段將原來初步發想與初稿進行整體實際實作，根據教師的參考範例進行完成，此階段為實作製作階段。 **5.(豐富深化)專題作品深入加強** 實作完成後，在進入提案預備。根據業界的需求進行模擬提案，教師運用教師團隊擬出業界參考範例，引導學生作品要求完整、精緻、原創，並將構想與企劃完整的撰寫出來。 **6.(評估)作品發表與驗證** 學生完成實作經稿練習，並進行報告，教師團隊會鼓勵學生評鑑個人與團隊的表現，並針對真實性問題提出評論，增加學生反思

課程名稱	視覺傳達設計
	與主張的能力。完成作品會由教師團隊進行解說，教師可以透過評量檢核表，讓學生瞭解自我學習達成的情形。
成績考核方式	課程實作過程表現(60%)： 1. 共同創作過程表現：由多位授課老師、廠商共評及小組互評。 2. 成果表現(40%)：由教師、教學助理、學生同儕、廠商評量。 3. 作品成果之創新特色、美感設計、完整性(20%)。 4. 果簡報之企劃策略性、易讀性、簡報美編技巧(10%)。 5. 成果報告之台風口條、敘事表達、完整性(10%)。

課程進度	請簡述每週(或每次)課程主題與內容，自行依照所需增減表格		
	週	課程主題	內容【說明】
	1	課程與教學介紹	說明本課程教學實踐計畫結合的動機、目的與教學活動情形，充分告知學生以利課程實施、資料蒐集、繪圖實作、視覺設計，及各項問卷、學習單的進行。課程進行視覺傳達設計概論、虛擬人形象視覺設計介紹。
	2	虛擬人設計(1)	企畫與構思：虛擬人形象視覺設計趨勢與技術，如何構思收集資料、提案構思與繪圖技術。將學生導入業界職場的設計工作人員與接案經營者的情境。
	3	虛擬人設計(2)	繪圖技術教學：虛擬人三視圖實作技術教學。正試圖背視圖側視圖、情緒表達、人設擬定、色彩規劃、妝髮頭飾服裝道具放大圖解說
	4	虛擬人視覺設計(1)	臉型/彩妝設計：以彩妝業師進行模特兒示範說明實體彩妝的運用，學生根據體驗進行虛擬人造型繪圖小作業與學習單練習。

課程名稱	視覺傳達設計		
	5	虛擬人視覺設計(2)	頭髮/髮型設計：以髮型業師進行模特兒示範說明實體髮型的運用，學生根據體驗進行虛擬人造型繪圖小作業與學習單練習。
	6	虛擬人視覺設計(3)	外觀/服裝設計：以服裝業師進行模特兒示範說明實體服裝裝扮的運用，學生根據體驗進行虛擬人造型繪圖小作業與學習單練習。
	7	虛擬人視覺設計(4)	整體造型設計：進行整體造型統整練習，學生根據彩妝、髮型到服裝造型，進行造型視覺設計。
	8	期中實作	虛擬人系列視覺設計提案：讓學生從虛擬人造型三視圖、人設、表情表達、妝髮服裝到情境圖，進行如同角色視覺識別系統設計提案演練。
	9	期中考周	作品報告與演展：虛擬人系列視覺設計提案發表與報告。教師提供互評檢核表，讓學生了解個人評量，以做為下次學習的改進參考。
	10	虛擬人-視覺識別設計(1)	視覺基礎系統企劃繪製：認識視覺識別系統設計的知識與趨勢，從中進行虛擬人與Q版、漫畫版、系列視覺系統設計構想與企劃。
	11	虛擬人-視覺識別設計(2)	視覺基礎系統設計繪製：認識視覺識別系統設計的技法，並整合虛擬人與Q版、漫畫版與視覺系統整合進行繪製。
	12	虛擬人-視覺識別設計(3)	視覺事務用品：認識視覺事務用品設計的技法，並整合虛擬人與Q版、漫畫版與視覺事務用品整合進行繪製。

課程名稱	視覺傳達設計		
	13	虛擬人-形象宣傳設計(1)	海報設計：認識視覺海報設計的知識與趨勢，並整合虛擬人與Q版、漫畫版之整合，進行形象宣傳構思，並進行海報初稿繪製。
	14	虛擬人-形象宣傳設計(2)	海報設計：認識視覺海報設計的技法，並整合虛擬人與Q版、漫畫版之整合，進行海報精稿繪製。
	15	期末共創製作(1)	虛擬人整合視覺創作：延續之前作品，可跨系(表藝系或其他系)有虛擬角色與實體演員的結合，進行虛擬人共創演出。此階段企劃與初稿。
	16	期末共創製作(2)	虛擬人整合視覺創作：有虛擬角色與實體演員的結合，進行虛擬人共創演出。此階段精稿繪製。
	17	期末實作	實作執行完成與展演籌備，活動場地、設備、工作人員與海報印製籌辦。
	18	期末考周	虛擬人與演員共創演展：數媒系與表藝系合作進行虛擬人展演，同學教師團隊共評。後續優良的作品可參加產學計畫提案，以及國內外競賽爭取更多好成績。
學生學習成效	透過STEAM結合跨領域提升虛擬人形象設計的學習滿意度提升。 透過STEAM結合跨領域提升虛擬人形象設計的實作技能提升。 透過STEAM結合跨領域提升虛擬人形象設計提升學生對整體教學過程滿意度提升。		

（六）研究分析方法

本研究採取**量化與質性並行的分析策略**，以全面掌握學生於課程中的學習成效、創意表現與學習歷程感受，具體分析方法如下：

1. 資料分析方法

本研究資料分析分為**三大層面**：

描述性統計分析

針對前、後測問卷與學習評量數據進行平均數、標準差等描述性統計，用以呈現學生在課程施行前後於「學習成就」、「創意思考」與「創意實作」三項指標上的整體表現分佈與變化趨勢。

推論統計：成對樣本 t 檢定

採用**配對樣本 t 檢定**進行統計檢定，評估學生在傳統教學與跨域 STEAM-6E 教學法介入下，在學習成就與創意自我效能（含構思與實作面向）上是否有顯著差異，藉以驗證教學介入之效果。

質性分析：紮根理論編碼與歸納

對學生學習歷程中的**訪談內容、學習反思紀錄及開放式回饋**等質性資料，採用**紮根理論（Grounded Theory）**進行開放式編碼，逐步歸納學生在學習過程中的轉變、挑戰與創意養成之關鍵因素，進一步深化對跨域學習歷程的理解。

綜合量化與質性分析方法，本研究在掌握數據變化趨勢的同時，

亦關注學習經驗背後的意義建構。如此雙向整合的分析方式，有助於更深入評估本課程教學實踐之成效，並為未來類似跨域教學設計提供實證依據與參考價值。

2.倫理考量

本研究已通過學校研究倫理審查委員會（IRB）審核，取得研究核可編號。所有參與者均簽署知情同意書，研究過程中亦遵守個資保密與資料匿名原則，確保研究倫理與參與者權益。

小結

案例一「虛擬人形象設計」課程以 STEAM 教育與 6E 學習模式為理論根基，建構出一套兼具創意發展與技術實踐的教學實驗。研究設計上，採用準實驗方法，結合前後測量化資料與質性訪談紀錄，全面掌握學生學習變化與教學介入成效。研究對象以設計與非設計背景學生為主體，透過多樣化的跨域組合，促發合作溝通與整合思維。

教學情境方面，課程場域涵蓋數位設計教室與跨域工作坊，搭配產業資源與展演平台，使學生能在仿真實務的場景中發展作品。教學設計與實施注重週次進程、階段任務與教師引導，鼓勵學生由議題觀察出發，經歷角色設定、造型設計、數位建模與腳本展演等歷程，建構具文化價值與敘事力的 VTuber 角色。

課程規劃以模組化策略推動，涵蓋「角色創意開發」、「造型與動畫技術」、「展演策略設計」等重點單元，並融合藝術與表演系師資共

授，培養學生整體設計力。研究分析方法結合統計分析與紮根理論，量化評估學生在學習成就、創意思考與實作表現上的顯著進步，並透過質性資料理解學生創意歷程與學習轉化的深層動力。

四、研究成果及學生學習成效

案例一「虛擬人形象設計」的研究成果分析

（一）前期階段：期中前學生學習歷程

1.課程實施的教學活動

本課程設計分為前後兩大教學階段，皆導入 **STEAM-6E 教學模式**（Engage、Explore、Explain、Engineer、Enrich、Evaluate）作為核心架構。**第一階段為期中前（第 1 週至第 9 週）**，以數位媒體設計系師資主導，重點在於建立學生對於虛擬角色造型、品牌概念與視覺傳達的理論基礎，並奠定角色創作的實作能力。

在教學內容方面，教師採用**專題講授結合案例分析法**，循序引導學生認識虛擬角色設計之核心概念。學習主軸包含：設計思考與問題定義流程、虛擬角色 IP 建構與敘事設定、品牌視覺識別設計、VTuber 動態與平台應用簡介。

同時，為提升學生學習動機並促進實務轉化能力，課程設計以**「職人 Boss」為題**進行專案導向任務設計（如圖 2-7、2-8）。學生需發想一位具備職業身分的虛擬角色，並完成角色企劃書、視覺設定與品牌風格重塑。此專案鼓勵學生將抽象概念具象化，並於團隊合作中展現創意與策略整合能力。

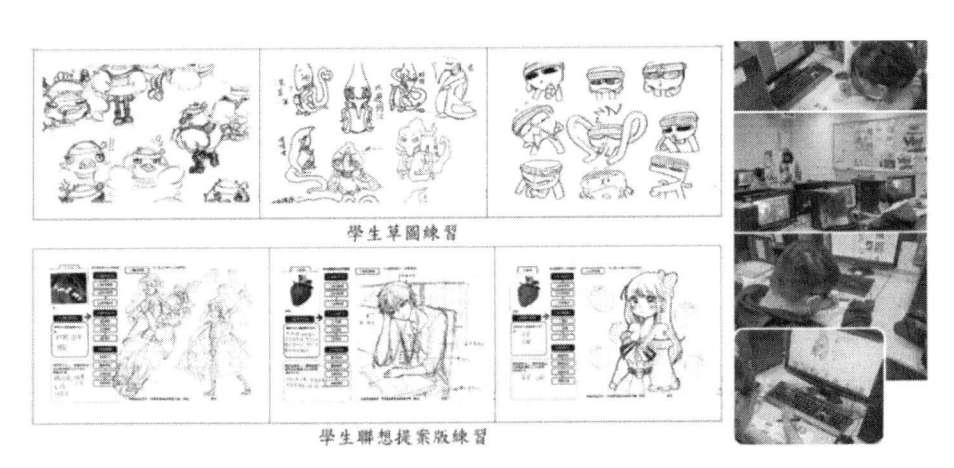

圖 2-7：「虛擬人形象設計」前階段上課實作情形

圖 2-8：「虛擬人形象設計」期中作業-職人角色設計

考量部分學生為設計背景初學者，教師於課堂中提供數個業界VTuber案例，如Hololive、NIJISANJI等，讓學生從角色造型、互動風格與品牌策略等面向進行分析比對，並據此進行風格再創作練習。藉由真實案例啟發，學生可透過觀察與仿生轉化來內化角色設計邏輯，進而完成個人化角色提案。

整體而言，期中前的教學活動聚焦在**「知識內化」與「視覺原型建構」**，搭配分組討論、講評回饋與中期展示，協助學生初步掌握虛擬角色設計流程，也奠定後期動態設計與跨域演出的基礎能力。

2.虛擬角色聯想活動之討論

圖2-9所示，是學生表現出虛擬角色與LOGO聯想，之後以6E導入，讓學生思考 蒐集資料、觀察其素材，再進行角色聯想與形塑。如圖2-10，學生蒐集有穿越時空的巫師職業元素，以自己初稿繪型的模樣做為參考作為設計，學生描述著龍人對於變身魔法是不上手，所以大部分的角色特徵都還在。

頭上的角擁有一半的魔力，以商人為職業，通常會把藥水綁在身上防身，法杖是去貓獸那裏通過試煉得到的，這個巫師本身非常善於冰魔法，搭配暗示職業物件有：擬人化貓獸、貓角、法杖、藥水等。

圖2-10-1所示，消防員莉塔有著紫色眼睛與短髮造型，整體以紫色配螢光橘色配色，營造出外太空超級任務的制服裝扮，有造型小外套寬厚將瘦小的身形展現個性出來。整體造型使用非傳統消防員的對比

虛擬人形象設計課程之教學實踐

配色制服，橘色象徵火焰、紫色象徵神聖、尊貴、慈愛等意象，期望將此角色消防員熱火獻身的女英雄形象塑造出來，搭配暗示職業物件有：服裝與色彩來展現。

如圖 4-5-4 所示，一位學生以「植物導覽員」作為角色職業設定，發想靈感取自阿里山龍膽的自然特徵，應用紫色至藍色調於髮飾與腿飾設計，並延伸至服飾紋理與尾部裝飾。角色配件設定為筆記本與筆，象徵其紀錄植物觀察的職人形象。學生回饋在花卉細節繪製方面耗費較多時間，遇到困難時會主動查詢資料解決。

其自我反思指出繪圖速度與植物描繪技法均有進步，並建議未來先進行三視圖繪製再著手情境圖，有助於提升效率與時間掌控力。整體而言，學生在此階段已能初步掌握設計流程與概念轉化技巧，展現設計技能與敘事邏輯的發展潛力。

1.植物導覽員	2.幽靈服務員
3.巫師	4.消防員

圖2-9：虛擬角色與LOGO聯想

1.虛擬角色—消防員	2.虛擬角色—服裝師
3.虛擬角色—巫師	4.虛擬角色—植物導覽員

圖 2-10：虛擬角色之職業聯想元素

3.導入STEAM-6E 教學活動

　　虛擬角色形象設計－STEAM-6E 教學活動程序模擬說明，如圖2-11。首先 Engage（引發動機），目標是以激發學習興趣與參與動機，讓學生從日常文化出發，將自身興趣與角色設計建立連結。就 Explore（探索學習），目標是建構跨域知識基礎，讓學生蒐集 VTuber 頻道與角色資料，分析造型風格、動畫腳本與角色敘事；介紹品牌視覺識別設計（VI）、IP概念與虛擬角色敘事邏輯，教師帶領風格解析練習，挑選案

例角色進行視覺元素分解，接者：培養角色觀察與圖像分析能力，奠定後續造型設計的知識架構。

圖 2-11：虛擬角色形象設計－STEAM-6E 教學活動

Explain（說明理解），目標則是內化知識與技術應用，教師講解角色設定表格（包含性格、背景、服裝、配件等），老師會示範品牌標誌與角色設計稿的繪製流程（手繪草圖、配色板、三視圖），課堂中讓學生繳交初步角色設定書與設計草圖，讓學生由抽象構想轉化為具體設定，練習角色設計邏輯與視覺表現。

接續是Engineer（建構實作），讓學生進行數位化角色製作，引導學生進行角色數位繪製（使用 Photoshop／Clip Studio），進行操作

VRoid 或 3D 建模軟體進行角色立體化建模，同學進行外型、服裝、動作設定與腳本撰寫同步進行。接續是 **Enrich（深化延伸），這階段進行**豐富作品內容與互動表現；讓學生設計角色直播開場動畫與場景背景，融入音效與視覺風格，模擬角色直播互動（使用 FaceRig / VTube Studio）。邀請業師提供作品回饋與修正建議。 課堂中加入情境化應用，提升角色表現力與觀眾連結感。

最後進行 Evaluate（評量反思），來評估學生的學習成果與歷程省思。教師與學生的期中考周進行前階段成果發表會，分組簡報角色設定與設計歷程，使用多元評量工具：角色設定書、3D模型、互動動畫與團隊合作紀錄。學生撰寫學習反思與自我評量報告，從中回饋與自我評量中釐清學習成果，提升元認知能力。

4. STEAM-6E 成果之討論

如圖 2-13「植物導覽員」角色設定，**就 Engage（引發動機）**：學生以都市中的綠化議題為出發點，構思一位能夠與植物對話的角色，希望透過導覽介紹城市植物，傳達自然與人共生的理念。**Explore（探索學習）**：學生蒐集台灣常見植物資料，如榕樹、九重葛等，並透過觀察生態導覽員的服裝與裝備，進行概念萃取。**Explain（說明理解）**：學生繪製角色初稿，設定角色年齡、個性與任務（如：植物知識傳播者），並結合種子耳環與藤蔓手環作為視覺符號。

Engineer（建構實作）：學生使用 Clip Studio 與 Photoshop 進行角色建模與服裝上色，並設計角色動作與植物互動效果。**Enrich（深化**

延伸）：補強角色情境圖，描繪角色於城市綠地導覽的情境畫面，強化敘事氛圍。**Evaluate**（**評量反思**）：學生表示透過角色開發，學會如何將議題轉化為視覺語彙，並提升觀察力與表達力。

圖 2-13：「虛擬人形象設計」前階段成果樣本，s112008

「服裝師」角色設定，圖 2-14，**Engage**（**引發動機**）：以時尚與角色職人文化為切入，學生構思一位來自未來都市的服裝設計師，負責打造虛擬演出服。**Explore**（**探索學習**）：分析時裝設計師如 Iris Van Herpen 的作品，觀察其未來感剪裁與科技材質應用；並研究服裝功能性設計。**Explain**（**說明理解**）：角色設定為可操控布料變化的服裝師，搭配智慧紡織品圖騰與浮空縫紉機手套作為識別元素。

Engineer（**建構實作**）：學生以 2D 畫法設計角色外型，並製作三視圖與服裝細節草圖，完成彩圖渲染與建模配置。**Enrich**（**深化延伸**）：設計出角色工作場景背景，加入展示架、成衣資料庫等細節，提升情

境真實感。**Evaluate**（評量反思）：學生反思指出，學習設計師背後邏輯讓他們理解造型不僅為美觀，更須考慮角色定位與情節連結。

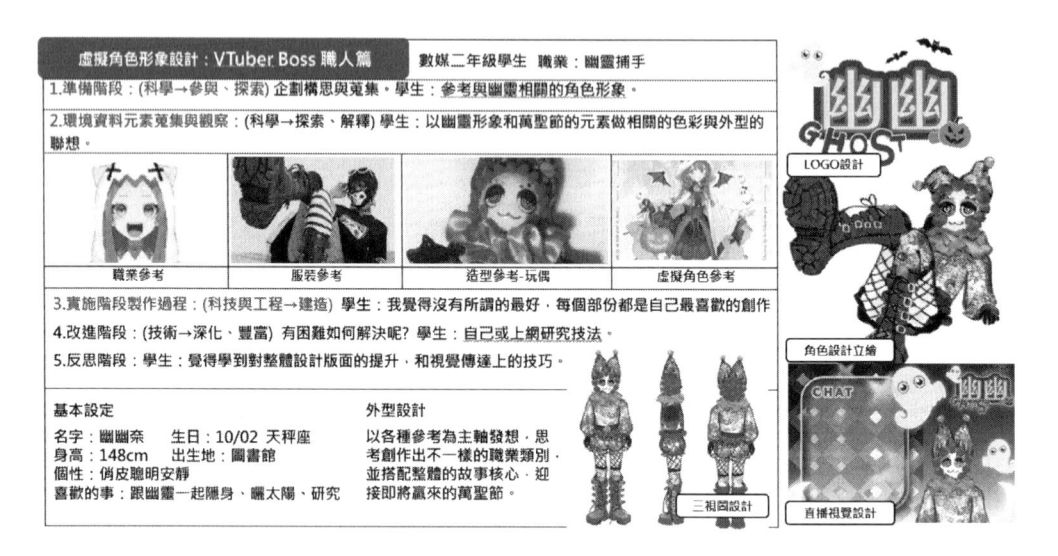

圖 2-14：「虛擬人形象設計」前階段成果樣本，s112021

「巫師」角色設定，圖 2-15，**Engage**：學生由奇幻冒險遊戲角色發想，設定為一位穿越時空、擁有部分龍人血統的冰系巫師。**Explore**：參考奇幻小說與 RPG 遊戲中巫師形象，蒐集關於龍人文化、冰魔法與法杖造型資料。**Explain**：設定角色擁有一半龍族魔力，裝備法杖、藥水與象徵記憶回溯的貓獸耳飾。並繪製角色立繪與設定稿。

Engineer：進行角色建模與素材上色，同步設計轉場特效與角色互動介面。**Enrich**：加入角色故事背景動畫與簡短腳本，強化角色情感與世界觀交代。**Evaluate**：學生認為在造型與故事整合上收穫良多，未來希望能進一步結合音效與表演提升角色完整度。

圖 2-15：「虛擬人形象設計」前階段成果樣本，s112015

小結

透過「植物導覽員」、「服裝師」、「巫師」三個設計主題，學生在 6E 教學架構下能逐步深化從觀察、分析、構思、實作、表達與反思的學習歷程。各角色皆能展現出議題融入、符號提取與創意轉化等能力，顯示出以 **STEAM-6E 為本的虛擬角色課程**，確實促進學生跨域整合與創意實作之教學成效。

（二）後期階段：期中後學生跨域實作學習

期中後課程地點轉移至表藝系造型教室，從劇場表演理論進行教學。以劇場角色、日常生活職業聯想、舞台表演實務觀摩等主題，帶領數媒系學生認識跨領域角色造型，結合數媒虛擬傳達與表藝劇場實

務。期末討論主題時,考量時間與經費限制,決定使用現有服裝道具,以「哥德風」為主題發想,提出第二階段題目:「暗黑哥德風-奇幻傳奇虛擬角色整合設計」。

此階段導入 STEAM-6E 教學,通過創意思考工具訓練,包括概念聯想提案、資料蒐集調查,帶領學生認識暗黑哥德風的歷史文化、妝髮服裝及角色設計元素,啟發學生創作構想,從而提升設計表現,如圖 2-16、2-17 所示。

圖 2-16:數媒系在表藝系造型教室上課情景

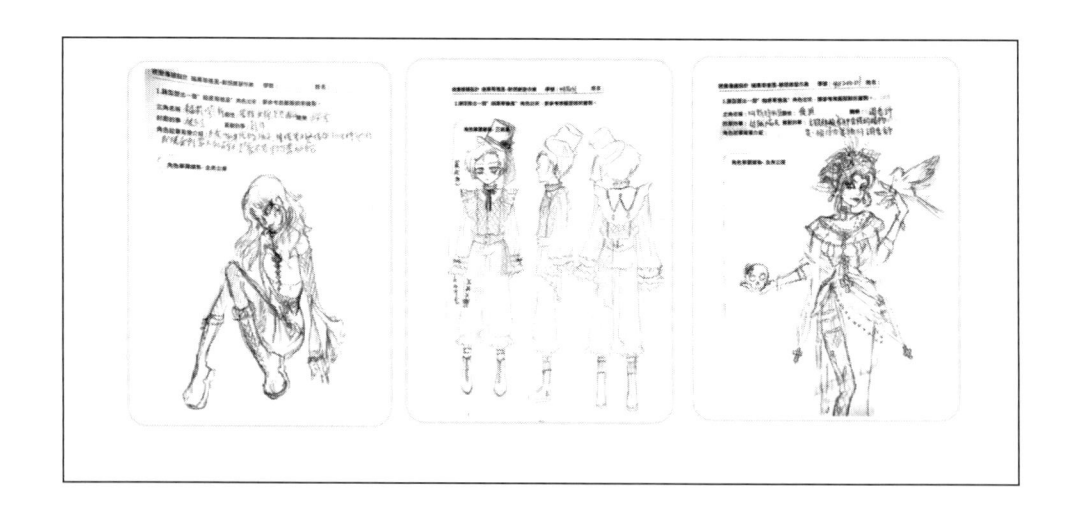

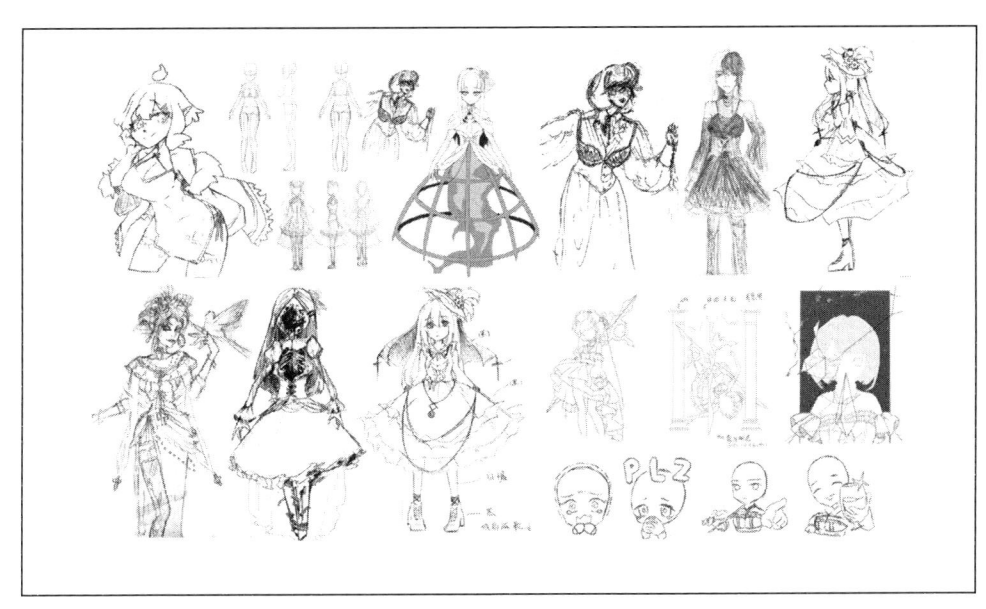

圖 2-17：暗黑哥德風-奇幻傳奇，虛擬角色學生草圖

本課程進入實作階段後（圖2-18），採**小組合作制**展開，每組學生需從企劃構思出發，依據 6E 教學法進行完整虛擬角色提案歷程，包含：**資料蒐集與分析、腳本撰寫、角色造型設定、三視圖繪製、人物性格與故事構建、服裝與貼圖製作**，並最終整合為視覺海報與展演輸出。學生依據所選擬人主題（如職人巫師、未來導覽員、仿生獸設計等）設計角色並進行視覺延伸，過程中強調敘事性與角色世界觀邏輯。

在原型繪製完成後，課程導入跨域合作機制，與表演藝術系共同進行「角色造型模擬實作」，如圖 2-18。數媒系學生需與表藝系同儕溝通造型風格與肢體演繹方式，並根據角色設定選出適合的模特兒進行妝髮與服裝演練（見圖 2-18、2-19）。該過程除訓練學生的表達與專案協調能力，也讓角色創作從虛擬設計轉化為具體視覺形象，增強創作

的真實感與執行力。

圖 2-18:「暗黑哥德風」虛擬角色實施之過程

然而,實作過程中也出現若干挑戰,包含:虛擬設計與實體呈現在比例、材料選擇與動作展演上的落差;模擬妝髮需耗費大量時間,每位模特約需 2 小時以上完成全套造型;溝通過程中,數媒學生需不斷微調服裝設計以符合人體結構與表演需求。這些問題也正好成為學生學習跨領域協作與「設計轉化能力」的重要契機。

展演成果方面(如圖 2-19、2-20),數媒系學生於期末舉辦成果展,以實體海報、數位投影、角色設定書與現場穿戴模擬造型等方式,進行公開展示與口頭簡報發表。觀展師長普遍肯定學生能將虛擬角色具象化並結合表演延伸,認為展演不僅展現出創意成果,更突顯學生對多元媒材整合的能力。

學生反映,在此次跨系協作與展演經驗中,深刻體會從角色創造、

形象轉譯、設計落地到觀眾互動的完整歷程。過程充滿挑戰與新鮮感，並提升其設計表達、專案統整與視覺敘事能力，亦為未來數位媒體設計與演藝跨域實踐奠定基礎。

專家評圖時一致給予高度評價，認為此課程成功促成跨系共創，學生能從概念建構、風格研究到實作落實，體現完整的創意設計歷程，顯著提升其跨域整合與創新實踐能力。其他學生亦表示：「這門課讓我對風格設計與舞台呈現有更完整的理解，角色扮演的實作經驗令人印象深刻（s112028）。」最終成果於課程展演中發表（圖 2-20），各組所提角色設計皆展現主題一致性與完整創意流程，從主題 logo、貼圖創作、三視圖、角色設定到視覺海報等，皆體現「暗黑哥德風」的風格。

圖 2-19：「暗黑哥德風」虛擬角色之成果展演

Virtual Human
Image Design

Virtual Human
Image Design
SLY

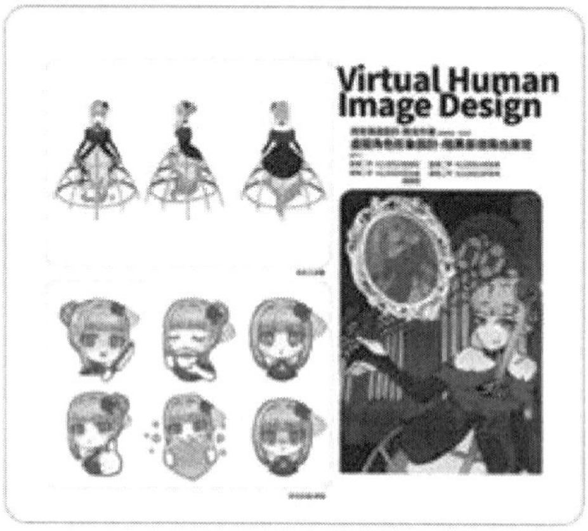
Virtual Human
Image Design

Virtual Human
Image Design

Virtual Human
Image Design

Virtual Human
Image Design

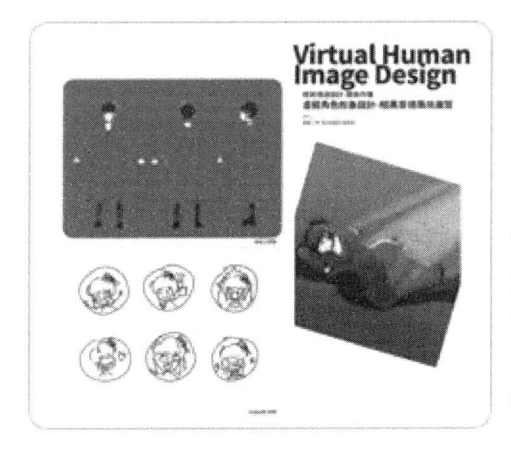

圖 2-20：「暗黑哥德風」虛擬角色之成果作品

(三) 就 STEAM 教學導入分析

　　如表 2-4，本報告整合科學、科技、工程、藝術與數學等 STEAM 向度學習成效問卷結果。透過前後測比較與配對樣本 t 檢定，分析學生在各構面學習成果之變化進步。

　　從五大面向可以看到學生學習成效有顯著提升，科學（Science）

的項目上，學生在理解科學概念（如人體構造、動物特徵、自然規律）、應用科學原則於設計（如仿生特徵來源）及考量自然環境或科學事實時，後測分數顯著高於前測（t 值均>4，p=0.001），顯示學生經歷課程後，能將科學知識具體應用於創作流程（如 National Research Council, 2012）。**就科技（Technology）的項目上**，學生在數位工具操作（Photoshop、VRoid、3D 建模）、技術資源運用與技術問題解決方面，後測分數均有大幅提升（t 值均>6，p=0.001）。這說明 STEAM 課程有助於學生在數位素養與技術應變力上快速進步，符合現今數位設計產業對跨平台技能的需求（Becker & Park, 2011）。

在**工程（Engineering）的項目上**，學生在創意轉化為具體計畫、調整設計過程以解決問題，以及反覆測試與修正成品的能力上，後測分數顯著成長（t 值均>6，p=0.001）。反映 STEAM 教學強調工程設計思維，促進學生以迭代修正、問題解決的邏輯進行專案創作（Capraro, Capraro, & Morgan, 2013）。而在**藝術（Arts）的項目上**，學生在作品創意性、美學原則運用與主題敘事傳達等指標上，學生表現提升最為顯著（如 A12 項目 t=9.13）。這意味著 STEAM 課程有助於學生結合藝術創意與科技工具，發展出更具獨特風格與敘事力的虛擬角色設計（Sousa & Pilecki, 2013）。

最後，在**數學（Mathematics）的項目上**，即使數學為非設計主修學生的相對弱項，學生在比例、對稱、座標、動畫節點等數學概念應用上，亦有顯著進步（t 值均>2，p=0.001）。顯示跨域課程能有效幫助學生將抽象數學工具轉化為設計實作的支援力（Honey, Pearson, & Schweingruber, 2014）。

就綜合以上的數據支持下,就課程成效與啟示上,可以看出學生在**學習成效的全方位提升**。數據顯示出學生在 STEAM 五大構面皆有顯著進步,尤以**科技、工程、藝術**三構面表現最為突出,說明本課程設計確實促進了理論與實務並重的學習成效。其次,STEAM 導入可以**強化實作與整合應用能力**,在課程強調問題解決、跨域協作與反覆實作當中,學生能主動運用科學知識、數位技術與美學素養於專案設計中,培養跨領域轉譯與創新能力(Liao, 2016)。最後,**以數據佐證來教學成效**,嚴謹的前後測與配對 t 檢定,提供實證數據證明 STEAM 導入對提升學習成效的效益,也有助於教師進行課程持續優化(Johnson et al., 2015)。

表 2-4:STEAM 跨域實作調查統計

調查項目	前測平均	後測平均	前測標準差	後測標準差	t 值	p 值(雙尾)
科學 Science						
S1.我能理解與我的虛擬角色設計相關的科學概念(如人體構造、動物特徵、自然規律)。	3.36	4.01	0.35	0.32	4.33	0.001*
S2.我能根據科學原則解釋我的設計選擇(如仿生特徵來源)。	3.07	4.12	0.35	0.32	7.0	0.001*
S3.我能在創作過程中考量自然環境或科學事實的限制。	2.99	4.21	0.35	0.32	8.13	0.001*
科技 Technology						
T4. 我能熟練操作數位工具(如 Photoshop、VRoid、3D 建模軟體)進行創作。	3.15	4.42	0.35	0.32	8.47	0.001*
T5. 我能運用適合的技術資	3.18	4.32	0.35	0.32	7.6	0.001*

調查項目	前測平均	後測平均	前測標準差	後測標準差	t值	p值(雙尾)
源支援我的角色設計與展演。						
T6. 遇到技術問題時，我能尋找解決方法並成功克服。	3.22	4.25	0.35	0.32	6.87	0.001*
工程 Engineering						
E7. 我能將創意想法具體轉化為結構明確的作品計畫。	3.21	4.35	0.35	0.32	7.6	0.001*
E8. 我能調整設計過程以解決角色實作中的問題。	3.25	4.25	0.35	0.32	6.67	0.001*
E9. 我的作品經過反覆測試與修正，符合預期功能與表現。	3.05	4.15	0.35	0.32	7.33	0.001*
藝術 Arts						
A10.我的作品具有創意性與獨特風格。	3.21	4.51	0.35	0.32	8.67	0.001*
A11. 我能運用美學原則（色彩搭配、造型構圖）強化角色設計。	3.25	4.45	0.35	0.32	8.0	0.001*
A12.我的設計能有效傳達主題與角色故事。	3.05	4.42	0.35	0.32	9.13	0.001*
數學 Mathematics						
M13. 我能在創作中應用基礎數學概念（如比例、對稱、座標）輔助設計。	3.21	3.61	0.35	0.32	2.67	0.001*
M14.我能精準設定角色比例與動作節奏。	3.25	3.72	0.35	0.32	3.13	0.001*
M15. 我理解並運用數值分析工具（如動畫節點調控、坐標系）優化設計。	3.05	3.85	0.35	0.32	5.33	0.001*

附註：*$p < 0.1$、**$p < 0.05$、***$p < 0.01$

（四）就 6E 模式導入分析

理髮師 A (弗蘭佐拉·海斯特拉)、髮型師 B(希爾莉。瓊斯)、冥界的女神(諾芬，葛拉) 進行 **6E 模式導入之討論分析（如圖 2-21）。角色一：理髮師 A（弗蘭佐拉·海斯特拉）Engage（引發動機）** 教師引導學生討論「造型」如何影響角色職業形象與社會互動，並以理髮文化與角色魅力作為出發點，激起學生對美髮職人角色創作的興趣。**Explore（探索觀察）** 學生查閱 19 世紀歐洲理髮師文化、道具（如剪刀、剃刀）、制服風格與街頭理髮店風格，延伸到角色儀態、語氣與職人精神建構。**Explain（概念建構）** 小組內討論「理髮師」作為護理與藝術交織的象徵，角色被設定為沉穩但神秘的藝術家型人物。

Engineer（設計實作） 學生根據角色定位繪製角色三視圖，加入剪刀收納腰包、紅藍白旋轉燈紋飾等設計元素，融合蒸氣龐克風格建構造型。**Enrich（深化擴展）** 學生發展出角色在虛擬世界中開設傳奇理髮店的設定，並設計 LOGO 與動畫開場畫面。進一步以 AI 語音訓練角色對話語調。**Evaluate（回饋評估）** 透過同儕互評與展演回饋，發現角色魅力十足但需強化功能性配件呈現，學生重新修正腰間工具比例與服裝質地表現。

以某組設計的角色「理髮師弗蘭佐拉·海斯特拉」為例（見圖 11），其設定為個性歇斯底里、熱愛剪刀與破碎物的角色，造型強調紅色調與尖銳剪影，風格張力鮮明。組長表示：「創作過程是一大挑戰，必須從服裝、妝容、性格等層面深入理解此風格，建構角色故事、生活背

景與情緒設定，讓我在敘事與情境構思上獲得顯著成長（s112031）。」

圖 2-21：「暗黑哥德風」虛擬角色(01)理髮師 A (弗蘭佐拉·海斯特拉)

圖 2-22：「暗黑哥德風」虛擬角色(02)理髮師 B (希爾莉。瓊斯)

角色二：髮型師 B（希爾莉·瓊斯）**Engage** 教師播放當代秀場與未來髮型趨勢影片（**如圖 2-22**），並提問：「未來的髮型設計師可能會是什麼樣子？」激發學生創意思考。**Explore** 學生從流行文化、賽博龐克影視角色、時尚沙龍等中收集資料，聚焦於強烈個人風格與科技輔助髮型設計的可能。**Explain** 本角色設定為一位來自高科技都市的時尚髮型師，擅長運用懸浮髮刀與聲波定型器創造浮空髮雕，性格活潑自信。

Engineer 學生建構角色動作表演草圖，特別設計頭部裝飾與配件結構，在 3D 建模時使用透明材質與光感動畫強化造型辨識度。**Enrich** 擴展設計為未來時尚節目主持人角色，具備 AR 互動投影功能，並設計手機應用介面供觀眾「雲端試髮」互動。**Evaluate** 經展演與模擬直播測試，發現角色台詞與動作同步性不足，學生反思語速控制與動態設計需更緊密結合。

圖 2-23 :「暗黑哥德風」虛擬角色(03) 冥界的女神(諾芬，葛拉)

角色三：冥界的女神（諾芬·葛拉）（如圖 2-23）Engage 教師透過神話與暗黑奇幻文化影片（如《黑暗靈魂》《哈迪斯》）導入課題，激發學生探討「死亡與再生」的藝術象徵。**Explore** 學生研究希臘與北歐神話的冥界神祇、符文與傳說生物，分析神話中女神形象的外觀與角色特性（冷漠、慈悲、懲罰者）。**Explain** 設定為主掌記憶回溯與情感裁決的女神，角色擁有雙重形象：白袍代表拯救，黑翼象徵審判，融合陰陽交錯。

Engineer 學生以 Blender 建模雙重披風結構與神殿背景，設計轉場動畫呈現角色兩種形態的切換，運用陰影與冷色系展現氛圍。**Enrich** 延伸出一段短篇動畫故事，描述角色引導失憶靈魂穿越冥河的旅程，結合詩詞朗誦與氣氛音樂強化敘事張力。**Evaluate** 評估中發現模型細節雖精緻，但故事脈絡略顯抽象，師生共同討論後補充開場字幕與引導語，提升觀眾理解度。

（五）學習成就與創意自我效能分析

1.STEAM-6E 跨域教學對學習成就的影響

本研究針對本系二年級 45 位學生進行前後測學習成效調查，受測者中男性 男性 20 人（46.7%）、女性 24 人（53.3%）。為確保問卷量表具備良好信度，本研究使用 SPSS 23 進行信度分析，針對「創意構想」與「創意實作」兩構面進行心理測量檢驗。透過多變量變異數分析

（MANOVA），探討 STEAM-6E 跨域教學對學習成效的整體影響，結果顯示學生在各項指標上皆呈現明顯進步（見表 3）：

表 2-5：本研究 STEAM 跨域教學施行前、後之學習成效

項目		平均值	標準差(SD)
學習成就	施行前	81.158	11.922
	施行後	91.136	9.346
創意構想	施行前	3.303	0.710
	施行後	3.529	0.559
創意製作	施行前	2.776	0.339
	施行後	3.224	0.617

- **學習成就前測**：M = 81.158，SD = 11.922；後測：M = 91.316，SD = 9.346
- **創意構想前測**：M = 3.303，SD = 0.710；後測：M = 3.829，SD = 0.559
- **創意實作前測**：M = 2.776，SD = 0.399；後測：M = 3.224，SD = 0.610

多變量統計檢定結果達顯著水準（Wilk's λ = 0.685, F = 2.94, p < .05），支持假說一（H1）：STEAM-6E 跨域教學對學生學習成就具有正向影響。

研究結果顯示，學生在歷經創意練習、設計實作、觀摩作品、跨系合作與成果展演等多階段教學歷程後，整體學習表現明顯提升，尤

其在知識應用與實作能力上具成長效益。學生回饋亦呼應此分析結果。多數學生認為課程中安排的創意練習與觀摩活動，雖不一定立即反映於專題成果上，卻有助於激發靈感與釐清設計方向。例如有學生指出：「在正式進行角色造型設計前，先進行創意練習和觀摩作品確實有幫助，不僅能激發想像，也能從他人作品中學習，概念提案階段讓我們更清楚自己的設計目標（s112029）。」

2. 6E 跨域教學對創意自我效能的影響

假說二檢定結果顯示，6E 跨域教學對學生「創意構想」表現具有顯著影響（型 III 平方和 = 2.632, F = 6.443, $p < .05$，後測 M = 3.829），因此假說二獲得支持。假說三則預期跨域教學對「創意實作」亦具正向成效，分析結果同樣達統計顯著水準（型 III 平方和 = 1.901, F = 7.039, $p < .05$，後測 M = 3.224），亦支持假說三。研究結果顯示，導入 STEAM-6E 教學法不僅能提升學生在概念構思階段的信心與創意輸出，也促進其實作能力的展現，對創意思維與設計實踐兩者皆產生效果。

根據 Tierney 與 Farmer（2002）所提出的「創意自我效能」（Creative Self-Efficacy）概念，該理論結合 Bandura 的自我效能理論與 Amabile（1996）、Woodman 等人（1993）的創造力模型，指出創意自我效能反映了個體對自身在創意活動中表現能力的信心與認知，進而影響其參與創意任務的表現與主動性。

在本研究中，學生於後期跨域教學歷程中，透過創意思考練習、團隊共創、風格詮釋與作品修正等多元活動，逐步強化了其面對創作

挑戰的信心與能力。從前後測結果可見，學生不僅能更勇於表達創意，亦能將抽象構想有效轉化為具體設計成果，顯示其創意自我效能在課程歷程中獲得實質提升。

學生回饋也呼應上述結果，多數同學提到在創作歷程中對自身風格判斷與美感選擇變得更有信心，課程中實作與反思並行的學習方式，有助於建立自我肯定與創意執行能力。

（六） 課程滿意度分析

為瞭解學生對本課程整體學習經驗之評價，本研究設計課程滿意度問卷，包含四大構面：教師教學、課程教材、專業知識與專業態度。問卷結果如表 4 所示，整體滿意度均達高水準，顯示學生對課程接受度良好。在四大構面中，學生對「專業知識」的學習給予最高評價（M = 4.434, SD = 0.645），顯示學生對於課程所提供的知識內容具有高度認同感與學習動機。相較之下，「課程教材」構面評價相對較低（M = 4.158, SD = 0.756），可能反映教材編排或內容傳遞上仍有優化空間。進一步分析各構面指標可發現：

教師教學構面中，最受肯定的項目為：「參與本課程，有助於提升我對角色視覺設計的了解」（M = 4.421, SD = 0.692），顯示教學活動成功加深學生對虛擬角色視覺語言的理解；而滿意度最低項為：「參與本課程，有助於提升我的專業技能應用於實務上」（M = 4.263, SD = 0.806），顯示學生在實務轉譯方面仍有強化空間。

課程教材構面中，學生最認同的是：「對於本課程之教材，我有感受到其內容與學習需求的連結」（M = 4.316, SD = 0.749），而對「課程內容安排」的感受相對較低（M = 4.053, SD = 0.848），指出教材結構或編排方式可再優化。

專業知識構面中，學生高度認同「參與本課程，讓我明瞭具備跨域實作運用在角色設計的重要性」（M = 4.579, SD = 0.607），反映學生對跨領域整合的學習價值具有正向理解。

專業態度構面方面，滿意度最高為：「參與本課程後，我對自己角色視覺設計的技能更有自信」（M = 4.474, SD = 0.697），顯示課程對學生創作信心具有顯著激勵作用；相對最低項為：「參與本課程後，我對跨域教學設計實作會更主動學習」（M = 4.000, SD = 0.943），可能表示學生對跨域挑戰的適應仍需更多引導與支持。

整體而言，課程在培養學生專業知識、視覺設計能力與自我效能方面成效良好，唯教材安排與跨域學習動機層面尚可精進，未來課程可考慮強化學習引導策略與教材互動設計，以提升學生之自主學習。

表 2-6：課程滿意度分析表

滿意度問項	平均值（M）	標準差（SD）
教師教學	4.342	0.698
1. 參與本課程，老師和專家整體的教學方式與態度，讓我感到滿意。	4.316	0.671

滿意度問項	平均值（M）	標準差（SD）
2. 參與本課程，有助於提升我的專業技能應用於實務上。	4.263	0.806
3. 參與本課程，有助於提升我對角色視覺設計的了解。	4.421	0.692
4. 總體而言，參與本研究，對我的設計實務有正面幫助。	4.368	0.761
課程教材	**4.158**	**0.756**
1. 對於本課程之教學內容安排，我有感受到。	4.053	0.848
2. 對於本課程之授課時數安排，我有感受到。	4.158	0.765
3. 對於本課程之教材內容，我有感受到。	4.316	0.749
4. 對於本課程之進行流程，我有感受到。	4.105	0.809
專業知識	**4.434**	**0.645**
1. 參與本課程，讓我學習跨領域(表藝系)角色造型設計知識。	4.368	0.831
2. 參與本課程，讓我學習角色應用於視覺傳達設計的知識。	4.421	0.692
3. 參與本課程，讓我學習跨域教學於角色實作的技巧技能。	4.368	0.684
4. 參與本課程，讓我明瞭具備跨域實作運用在角色設計的重要性。	4.579	0.607
專業態度	**4.302**	**0.844**
1. 參與本課程後，我對跨域教學實作學習更感興趣。	4.474	0.697
2. 參與本課程後，我對角色視覺設計的知識會更主動學習。	4.421	0.769
3. 參與本課程後，我對跨域教學設計實作會更主動學習。	4.158	1.015

滿意度問項	平均值（M）	標準差（SD）
4. 參與本課程後，我對自己角色視覺設計的技能更有自信。	4.158	0.898

附註：*p < 0.1、**p < 0.05、***p < 0.01

（七）教師教學反思

在本次跨領域設計課程實施後，教師針對教學策略、學生學習表現及課程設計進行了深度的反思與分析。以下為教學歷程中歸納出的主要觀察與後續課程優化建議：

強化非本科生的基礎設計能力，約有三成修課學生並非設計相關背景，其基礎能力差異在期中作業中特別明顯，包含視覺邏輯、版面配置與品牌整合等方面，特別是在 LOGO 設計上的創意表達與視覺整合表現不佳。視覺素養與設計思考是進行有效問題定義與解決的基本要素（Liu 等，2024），因此，在跨域設計教育中，提供結構化的基礎圖像組成、符號學及形式與功能平衡訓練仍屬關鍵。

其次，建立 2D 草圖與 3D 成品之間的轉化能力，學生在角色設計初期常傾向以平面 2D 草圖思考，缺乏立體空間與結構的概念，導致後續實體建模階段出現造型不清或難以實作的問題。引導學生進行如黏土建模或快速 3D 草圖等原型製作練習，有助於將平面構想轉化為具有空間邏輯與可行性的立體設計（Yang & Hsu, 2020）。

設計教育應納入情意與合作能力，設計教育不應僅止於技能操作，

更應涵蓋認知與情意層面的能力，如同理心、團隊合作及以使用者為中心的思維（Wang 等，2024；Jia 等，2021）。課堂觀察發現，具備高度同理心與良好溝通的學生團隊，較能整合多元觀點，最終創作成果亦更具品質。此外，正向的課室氛圍可建立情緒安全感，促進內在動機與有效合作。課程場域與教學流程的整合，課程於校內多個教室進行，雖具探索與刺激感，但對學生而言需時間適應與認識場域配置。課程執行中，設備搬運與教室布建亦須精準安排，方能確保教學流程的順暢性與連貫性。

跨域團隊的策略與彈性規劃，儘管本課程重視跨域合作，但因表藝系教師本學期須負責畢業展演與高年級專業課程，參與程度受限。成功的跨域教學需在初期即完成時間表、教學目標與合作方式的協調（Sain, 2021）。建議未來課程可提早進行跨系規劃，促進更深入且有機的學習共創。強化跨域課程設計的教學節奏與層次，本課程的跨域架構雖激發學生從多角度解決問題的能力，但在課程節奏與任務分段設計上仍有優化空間。有效的跨域教育須兼顧內容整合與認知轉換，並透過逐步引導支持學生將知識應用於不同學科間的遷移（Jia 等，2021）。

最後是銜接學術學習與職場實務經驗，多數學生於暑期參與實習，本系與產業合作密切，實習機會讓學生能將課堂所學應用於實際工作場域，並進一步強化設計思維、問題解決及溝通協作等能力（Sain, 2021）。此實務經驗可視為設計學習歷程中不可或缺的延伸與補強。

（八）學生學習回饋

在實作階段，學生以小組方式從角色設定、資料蒐集、草圖繪製、

三視圖與人物背景撰寫、服裝與貼圖製作到最終展演提案，完成一套完整的虛擬角色開發歷程。課程後期，透過與表演藝術系學生的造型合作與情境模擬，學生能實際觀察設計在表演實境中的轉譯與落差，深化對視覺設計與角色演繹的整合理解。

以某組設計的角色「冥界的女神：諾芬·葛拉」為例，其角色設定融合神話敘事與暗黑歌德風格，象徵記憶與遺忘的界線。學生在訪談中提到：「要把『記憶收割者』這樣抽象概念具象化，是一大挑戰。我們查了很多神話與文化象徵，試著讓她的飄浮長髮與流蘇衣物代表靈魂流動，妝容與眼神則參考表演系的肢體表現強化角色氣場（s112045）。」最終成果獲得專家評審高度肯定，認為設計理念具深度，造型語彙明確，整體風格完成度高。

另一組的作品「理髮師弗蘭佐拉·海斯特拉」也受到關注，其強烈紅黑配色與剪刀主題造型，體現了角色的極端個性與舞台張力。學生表示：「這門課逼我思考怎麼讓角色從『紙上的草圖』變成一個『能走進舞台與觀眾互動的形象』，尤其從模特兒試穿與演練中學到很多造型實務的限制與轉化技巧（s112031）。」

整體而言，多數學生表示此課程促使他們第一次深入思考角色背後的敘事邏輯與風格設計關聯。也有學生指出：「我以前以為角色設計只是畫圖，沒想到還要設定人格、語氣、服裝機能，還要考慮舞台上妝髮的實現方式，讓我對設計有全新的理解（s112028）。」

在課程展演成果中，各組皆展現出風格一致性、創意思維與敘事邏輯相輔的作品表現，從角色貼圖、logo設計、三視圖、場景腳本到互

動方式設計，完整體現 6E 導向課程的實作導向與跨域整合力。教師與評審亦一致認為，學生在**自我效能、跨域合作、敘事構思與數位設計轉化**等面向皆有明顯進步，未來可作為**設計教學與跨系合作推廣的實證案例。**

（九）結論與建議

本研究以「虛擬人形象設計」課程為實施場域，導入 **STEAM 教育理念與 6E 教學模式**進行教學實踐，並運用量化與質性資料進行成效評估與學習歷程分析。教學內容涵蓋從**初期角色概念發想、視覺造型設計、數位建模與品牌設定**，到**後期結合表演藝術進行跨域角色演繹與展演成果呈現**。整體課程設計不僅強調知識與技能的傳授，更致力於學生**創意思維、跨域整合與實作能力**的培養。

在課程初期，學生透過教師引導與業界案例學習**角色建構的核心方法**，逐步熟悉品牌識別、角色 IP 開發與視覺敘事等設計理論；中後期則透過**跨系合作的教學實境**，參與角色風格塑造與表演模擬，實踐從**設計思維到舞台轉化的完整歷程**。此一從虛擬設計到實體展演的學習方式，不僅擴展了學生的專業視野，也強化其**團隊合作與創意實踐能力**。

研究結果顯示，導入 **STEAM 導向教學**能有效促進學生在**科學知識理解、技術操作應用、工程邏輯實踐、藝術風格轉化與數學比例思維**等層面的**跨域整合能力**。學生回饋普遍認為：「讓我理解**科技與藝術並非彼此排斥，而是可以交織成一種嶄新的創作語言**」，充分反映出本課

程在**知識整合與實務連結**的教學效益。

同時，本課程採 **6E 教學模式**作為學習歷程的結構性引導。從 **Engage（引起動機）**：以業界案例與社會議題切入，引導學生關注真實問題，提升參與度；**Explore（探索問題）**：團隊討論與資料蒐集，加深角色文化理解；**Explain（概念解釋）**：教師講授設計原則與角色設定流程，建立核心知識；**Engineer（創造製作）**：應用軟體建模、圖像設計與腳本編寫等技能開展角色設計。

Enrich（深化擴展）：整合跨系合作與展演模擬，提升作品完整性與風格轉譯；**Evaluate（回饋評估）**：藉由展演與同儕互評促進學生反思與精進。此流程有效支持學生**從探索到製作、從創發到呈現**的全歷程學習，並達成**理論與實作相結合**的教學目標。

在**學習成就與創意自我效能分析**方面，根據前後測結果，學生在設計知識、創作實作與協作信心上皆有顯著提升。例如部分學生表示：「**我原本不擅長視覺設計，但這門課讓我建立信心與方法**，能從模仿逐步轉向原創」。顯示課程不僅提升技能，更加強了**自我肯定與創意表達能力**。

課程滿意度分析結果亦顯示極高評價，學生普遍認為教師引導清楚、教材實用、互動良好。其中「**教材實用性高**」、「**教師態度積極熱誠**」、「**學習氣氛活潑**」三項為滿意度最高指標。學生認為，雖然過程具有挑戰性，但能從中獲得實務經驗與創作成就感，提升對創意職涯的信心。

教師反思方面指出，本課程在教學設計上仍需加強非設計科系學

生的基礎能力訓練，尤其在**原型建構與虛實轉譯技能**上可再強化。此外，**跨系合作**雖帶來時間與設備的挑戰，但其**多元共創的歷程**，有效促進了學生的同理心、團隊溝通與整合實踐能力。

整體而言，本研究所推動之教學模式與課程設計，成功結合 **STEAM 五大面向**與 **6E 教學歷程**，不僅促進學生**創意思考、技術應用、設計實作與跨域整合**，亦提供具體可行的**創新教學實證成果**，對未來**虛擬角色設計教育與創意設計教學**具有高度參考價值。

五、創新及貢獻
一、創新課程設計與教學模式亮點
（一）產業技術導向創新價值
1.結合數位設計與產業實務

本研究藉由兩項課程實踐計畫——「STEAM 結合跨領域提升虛擬人形象設計之實作技能與學習成效」有效實踐數位設計教育與產業技術之連結，展現虛擬角色應用在設計、科技與產業發展間的多元整合能力。

在第一項計畫中，以「**虛擬角色形象設計**」為課題核心，整合**視覺設計、媒體藝術、表演藝術與數位建模**等領域，導入產業導向教學設計。課程強調品牌識別與角色敘事，並藉由**跨域合作與劇場演練**，進行真實化角色呈現與展演，讓學生模擬業界角色包裝與媒體操作流

程。尤其第二階段與表演藝術系協作的「**暗黑哥德風展演**」，實踐了虛擬角色從概念草圖到實體妝髮呈現的產業流程，使學生掌握視覺設計與舞台應用的實作經驗，明確銜接**角色設計產業實務需求**。

整體而言，兩項課程皆將**數位設計技能、敘事構思、科技媒體工具與場域應用能力**結合，以**真實任務導向（Project-Based Learning）**的方式推動，學生不僅熟悉虛擬角色製作與應用流程，更透過跨域合作、校外教學與業界標準接軌，深化其在數位媒體設計產業中的實務知識與創新潛能。

2.虛擬角色與跨領域表藝技術應用

隨著數位科技的進步與媒體生態的轉型，虛擬角色已從單純的視覺創作，進化為融合表演藝術、互動媒體與技術實踐的創新載體（Jin & Lee, 2021）。本研究強調以技術實作為核心，整合虛擬角色設計與跨領域表藝技術，並於課程中導入動作捕捉（motion capture）、即時渲染、音效設計與劇場演繹等多元工具，推動學生跨域合作。例如，於「暗黑哥德風展演」專題中，學生須從虛擬角色設定、數位造型設計、劇本創作、動作資料擷取到現場舞台展演，完整實踐虛擬角色從數位原型到現場展演的產業流程。這不僅提升學生在設計與技術整合方面的能力，更深化其表現敘事與專業溝通力（Lin, Chen, & Wang, 2023）。

同時，課程透過與表演藝術系、資訊工程系協同合作，以及邀請業界專家參與指導，強化產學連結與專業實作經驗。學生透過分組協作與角色扮演，掌握從創意構想到落地執行的全流程，有效提升其解

決問題與團隊協作能力（Smith & Tan, 2020）。其中，動作捕捉技術的應用使虛擬角色具備高度的動態真實感，進而促進虛擬偶像、數位展演、品牌行銷等多元應用場域的發展（Mori et al., 2019）。

透過上述創新教學設計與技術整合，本研究不僅厚植學生於虛擬角色設計、跨域協作及數位展演等方面的專業力，更為數位媒體設計學門開拓教學創新與產業連結之典範。此課程模式具高度推廣價值，有助於培育具備跨界整合能力的數位媒體人才，呼應未來產業趨勢與社會需求（Jin & Lee, 2021）。

（二）STEAM-6E 模式導入與實踐創新

1.系統化跨域學習流程設計

本研究課程以 **STEAM 教育理念**為核心，結合 **6E 學習流程模型**（**Engage、Explore、Explain、Engineer、Enrich、Evaluate**），建立一套系統性、實作性與跨域整合兼具的教學模式。此架構有別於傳統線性教學，強調以問題導向與探究學習為主軸，讓學生在角色創作與數位設計的歷程中，能循序漸進地深化學習。

整體教學流程設計如下：

Engage（引發動機）：以生活化與社會化主題（如海洋保育、文化想像、身分認同）切入，吸引學生興趣，激發其主動學習與創作動能。
Explore（探索問題）：引導學生進行資料蒐集與案例分析，從不同面向

觀察設計風格、環境議題與文化脈絡，訓練其資料統整與觀察詮釋能力。**Explain（概念說明）**：由教師講解設計理論、角色建構方法與科技工具應用，輔以實作範例與分組討論，協助學生建構設計概念。

Engineer（工程實踐）：學生根據設計企劃進行三視圖、建模、貼圖、動畫製作等實作任務，強化其跨域操作能力與創意思考。**Enrich（深化拓展）**：加入表演藝術、模擬直播、實地觀察等跨系合作環節，豐富角色表現形式，擴展其應用面向與文化深度。**Evaluate（評量與反思）**：透過期中期末發表、同儕互評、教師回饋與問卷分析，鼓勵學生自我反思與成果精進。

此 6E 流程貫穿整體課程，並融入 **STEAM 五大領域**：科學（角色知識與生物觀察）、科技（數位工具與建模技術）、工程（設計系統與製作流程）、藝術（視覺表現與文化創意）、數學（比例配置與節奏設計），促使學生發展多元能力。

整體而言，本課程突破單一科目教學界限，透過**系統化、階段性、跨領域的整合設計**，有效提升學生在創意思維、實作能力、問題解決與團隊合作等面向的綜合素養，實踐教育創新之具體成果。

2.教學模組應用與實務轉化

為落實 STEAM-6E 教學模式之創新實踐，本計畫設計兩大核心教學模組：「虛擬人形象設計課程模組」與「海洋主題虛擬角色創作模組」，兩者皆依循 6E 學習歷程編排課程活動，並導入專題導向學習（Project-Based Learning, PBL）與跨域協同合作的機制，使學生得以從

概念建構、實作設計、情境演練到成果發表，完成一個系統化的創作歷程。

本模組以 VTuber 虛擬形象為設計主軸，整合**視覺設計與表演藝術**，培養學生在「角色識別系統」、「風格塑造」、「品牌故事建立」與「舞台風格整合」等面向的專業能力。教學上分為期中前與期中後兩階段，前期以數位建模與視覺溝通為主，後期則與表藝系師資協同教學，實作舞台角色展演與造型模擬，並以「暗黑哥德風」為題統一風格發表，實現虛擬與實體的創作融合。

此外，課程設計亦導入「**以案養才**」概念，結合產學合作與業界提案模擬，學生需以業界標準進行角色簡報、設計提案與創作驗證，進一步提升其**邏輯表達、團隊合作與專業實務轉譯能力**。

整體而言，兩大教學模組充分展現 STEAM-6E 教學模式的靈活應用與轉化潛能，不僅提升學生創意發展與跨域應用能力，更建構出一條從學術理論邁向產業實務的教育橋樑，對數位設計及技職教育領域具高度推廣價值。

（三）多元任務導向與永續教育發展

跨系共創與實體展演應用

本計畫以 **多元任務導向學習** 為核心理念，整合**數位媒體設計系與表演藝術系**專業課程，發展出具跨域創新價值的教學模式。在「虛擬角色設計」課程中，不僅讓學生進行角色原型創作與視覺設計，更進一步拓展至**實體演繹、服裝造型與展演呈現**，實踐了跨學科合作的教

學目標。

課程設計強調從角色概念建構、品牌設定、三視圖繪製、3D 模型製作，到人物個性劇本撰寫與互動表演的全流程學習。學生於期中完成角色識別系統後，進入期末「角色展演模擬」階段，與表演藝術系同儕共同合作角色演繹，進行**角色實體妝造、表演訓練與情境短片演出**。此類跨系共創活動，不僅強化學生溝通協作、任務分工與現場執行力，更讓設計思維從虛擬創作延伸至現實應用。

於期末成果展演中，各組學生透過實體舞台演出與數位視覺展示，呈現角色形象、背景故事、動作語彙與整體視覺風格，成功整合**科技創作、藝術設計與敘事表演**。展演形式融合**海報展示、短片播放、現場走秀、互動問答**等元素，不僅吸引觀眾參與，更讓學生體驗如何將設計成果向外界溝通與推廣。

此種**「虛擬—實體整合的跨域展演模式」，已成為本課程重要特色與亮點。透過學生主導的任務導向學習與公開展演，不僅提升其創意實踐、專業整合與自我表達能力，亦促使其對**可持續設計、生態關懷與社會溝通**議題產生更深層的思考與行動意識，具體落實永續教育的教學目標。

整體而言，本計畫透過多元任務導向策略，將「數位素養」與「永續教育」有效融入技職課程實踐，為學生未來投入數位創意產業及社會參與，奠定兼具專業能力與公民意識的關鍵基礎。

參考文獻

Barrows, H. S. (1996). Problem-based learning in medicine and beyond: A brief overview. *New Directions for Teaching and Learning*, 68, 3–12. https://doi.org/10.1002/tl.37219966804

Becker, K., & Park, K. (2011). Effects of integrative approaches among science, technology, engineering, and mathematics (STEM) subjects on students' learning: A preliminary meta-analysis. *Journal of STEM Education: Innovations and Research*, 12(5/6), 23-37.

Bell, S. (2010). Project-Based Learning for the 21st Century: Skills for the Future. *The Clearing House: A Journal of Educational Strategies, Issues and Ideas*, 83(2), 39-43. https://doi.org/10.1080/00098650903505415

Bennett, S. (2016). Creative pedagogies and the digital arts: developing student agency and self-direction through cross-curricular projects. *International Journal of Art & Design Education*, 35(3), 270-282. https://doi.org/10.1111/jade.12137

Blumenfeld, P. C., Soloway, E., Marx, R. W., Krajcik, J. S., Guzdial, M., & Palincsar, A. (1991). Motivating Project-Based Learning: Sustaining the Doing, Supporting the Learning. *Educational Psychologist*, 26(3-4), 369-398.

Bybee, R. W. (2009). The BSCS 5E Instructional Model and 21st Century Skills. *NSTA Leadership Conference*.

Bybee, R. W., Taylor, J. A., Gardner, A., Van Scotter, P., Powell, J. C., Westbrook, A., & Landes, N. (2006). *The BSCS 5E Instructional Model: Origins and Effectiveness*. Colorado Springs, CO: BSCS.

Capraro, R. M., & Slough, S. W. (2013). *Project-Based Learning: An Integrated*

Science, Technology, Engineering, and Mathematics (STEM) Approach. Sense Publishers.

Capraro, R. M., Capraro, M. M., & Morgan, J. R. (2013). *STEM project-based learning: An integrated science, technology, engineering, and mathematics (STEM) approach*. Rotterdam: Sense Publishers.

Eglash, R., Gilbert, J. E., Taylor, V., & Geier, S. R. (2021). Culturally Responsive Computing in Urban, After-School Contexts: Two Approaches. *Education and Information Technologies*, 26, 1673–1690. https://doi.org/10.1007/s10639-020-10346-z

Fan, S.-C., Yu, K.-C., & Lou, S.-J. (2020). Developing and evaluating a STEAM project-based learning (PBL) curriculum for secondary education. *International Journal of STEM Education,* 7(1), 1–14. https://doi.org/10.1186/s40594-020-00236-4

Fredricks, J. A., Blumenfeld, P. C., & Paris, A. H. (2004). School Engagement: Potential of the Concept, State of the Evidence. *Review of Educational Research,* 74(1), 59–109. https://doi.org/10.3102/00346543074001059

Henriksen, D. (2014). Full STEAM Ahead: Creativity in Excellent STEM Teaching Practices. *The STEAM Journal, 1*(2), Article 15.

Henriksen, D., Mehta, R., & Mehta, S. (2015). Integrative approaches to teaching: Creativity amidst chaos. *LEARNing Landscapes, 8*(1), 21-38.

Herro, D., Quigley, C., & Jacques, L. A. (2017). Examining Technology Integration in STEM Project-Based Learning. *Journal of Science Education and Technology, 26*(1), 1–13. https://doi.org/10.1007/s10956-016-9650-3

Hmelo-Silver, C. E. (2004). Problem-Based Learning: What and How Do

Students Learn? *Educational Psychology Review*, 16, 235–266.

Honey, M., Pearson, G., & Schweingruber, H. (2014). *STEM integration in K-12 education: Status, prospects, and an agenda for research*. National Academies Press.

Jin, Y., & Lee, S. (2021). Interdisciplinary applications of virtual characters in digital media education. *Journal of Digital Design*, 35(2), 112-130.

Jin, Y., & Lee, S. (2021). Interdisciplinary applications of virtual characters in digital media education. *Journal of Digital Design*, 35(2), 112-130.

Johnson, C. C., Peters-Burton, E. E., & Moore, T. J. (2015). *STEM road map: A framework for integrated STEM education*. Routledge.

Kolb, D. A. (2015). *Experiential Learning: Experience as the Source of Learning and Development* (2nd ed.). Pearson.

Krajcik, J. S., & Blumenfeld, P. C. (2006). Project-Based Learning. In R. K. Sawyer (Ed.), *The Cambridge Handbook of the Learning Sciences* (pp. 317–334). Cambridge University Press.

Krajcik, J. S., & Czerniak, C. M. (2018). *Teaching Science in Elementary and Middle School: A Project-Based Approach* (5th ed.). Routledge.

Liao, C. (2016). From interdisciplinary to transdisciplinary: An arts-integrated approach to STEAM education. *Art Education*, 69(6), 44-49.

Lin, C.-H., Hsieh, C.-L., & Liu, G.-Z. (2023). Impact of STEAM-6E VR curriculum on student engagement and creative thinking. *Computers & Education, 186*, 104792. https://doi.org/10.1016/j.compedu.2022.104792

Lin, M. H., Chen, C. J., & Wang, L. T. (2023). The integration of motion capture technology and performing arts in virtual character education. *Computers &*

Education, 190, 104680.

Lin, Y.-C., Hsu, Y.-S., & Lin, S.-S. (2023). Fostering Students' Creativity and Computational Thinking through a STEAM-Based Maker Education Course. *Education Sciences*, 13(2), 144. https://doi.org/10.3390/educsci13020144

Marginson, S., Tytler, R., Freeman, B., & Roberts, K. (2013). STEM: Country comparisons: International comparisons of science, technology, engineering and mathematics (STEM) education. Final report. Australian Council of Learned Academies.

Mehalik, M. M., Doppelt, Y., & Schuun, C. D. (2008). Middle-school science through design-based learning versus scripted inquiry: Better overall science concept learning and equity gap reduction. *Journal of Engineering Education*, 97(1), 71-85.

Mejias, S., Ponte-Espinoza, C., Fores, A., & López-Meneses, E. (2022). The Effects of STEAM Education on Students' Creativity: A Meta-Analysis. *Education Sciences, 12*(10), 693. https://doi.org/10.3390/educsci12100693

Mergendoller, J. R., Markham, T., Ravitz, J., & Larmer, J. (2006). Pervasive Management of Project Based Learning: Teachers as Guides and Facilitators. *Educational Technology*, 46(1), 24–28.

Mills, J. E., & Treagust, D. F. (2003). Engineering education—Is problem-based or project-based learning the answer? *Australasian Journal of Engineering Education*, 3(2), 2–16. https://doi.org/10.1080/22054952.2003.11464028

Mori, K., Suzuki, Y., & Nakajima, H. (2019). Real-time animation and virtual idol performance using motion capture. *Entertainment Computing*, 31, 100312.

National Research Council. (2012). *A framework for K-12 science education: Practices, crosscutting concepts, and core ideas*. National Academies Press.

Smith, A., & Tan, B. (2020). Collaborative learning in interdisciplinary digital media projects. *International Journal of Art & Design Education*, 39(3), 585-598.

Sousa, D. A., & Pilecki, T. (2013). *From STEM to STEAM: Using brain-compatible strategies to integrate the arts*. Corwin Press.

Sun, J., Zhang, Y., Li, X., & Wang, Y. (2022). The Effect of Project-Based Learning on Students' Creativity in Digital Media Design Education. *International Journal of Art & Design Education*, 41(1), 212–224. https://doi.org/10.1111/jade.12389

Thomas, J. W. (2000). *A Review of Research on Project-Based Learning*. San Rafael, CA: Autodesk Foundation.

Wang, R.-Z., Huang, T.-C., & Hsu, C.-H. (2019). The effect of project-based learning on student performance: An investigation into the impact of project-based learning on student engagement and outcomes in design education. *International Journal of Art & Design Education*, 38(1), 189-202. https://doi.org/10.1111/jade.12204

Yakman, G. (2008). STEAM Education: An overview of creating a model of integrative education. *PATT-19 Conference: Research and Practice in Technology Education: Perspectives on Human Capacity and Development*, Salt Lake City, UT.

Yang, Y.-T. C. (2023). AR-supported digital storytelling and STEAM education in creativity and engagement. *Educational Technology & Society, 26*(2), 56–

68.

Zhou, S., Kim, K. J., & Kerekes, J. (2021). Integrating Interdisciplinary Collaboration into Art and Design Education. *Arts and Humanities in Higher Education*, 20(2), 173–193. https://doi.org/10.1177/1474022220903064

OECD. (2021). *OECD Skills Outlook 2021: Learning for Life*. OECD Publishing. https://doi.org/10.1787/0ae365b4-en

Tang, J., Li, Z., Wang, Y., & Wang, H. (2023). Digital Twin Technology in Chinese Vocational Education: Applications in Cultural Heritage and Design. *Journal of Computers in Education*, 10(2), 285–301.

王為國. (2021). STEAM 教育之教師專業問題與因應建議. *臺灣教育評論月刊*, 115.

王瑞壎. (2022). STEM/STEAM 跨領域科際整合教育之探究. *臺灣教育評論月刊*, *11*(4), 13-20.

林美雯. (2022). STEAM 教育結合跨領域課程於國小科技教育實作-以數理萬花筒為例. *科技與人力教育季刊*, 9(2), 89-101.

胡家紋. (2022). 學習風格與學習任務適性化探討以 STEAM 教育導入科技大學機器人微電影教學為例. *師資培育與教師專業發展期刊 第15 卷第3 期: Journal of Teacher Education and Professional Development Vol. 15 No. 3*, *153*, 81.

張儀玲, & 鄭雅婷. (2021). STEAM 教育融入學習區之困難與對策. *臺灣教育評論月刊*, *10*(7), 123-126.

陳羿揚, 葉詠睿, 邱文信, & 梁嘉文. (2021). 合作學習結合 STEAM 複合式教學策略於提升運動生物力學課程教學效能評估. *體育學報*, *54*(4), 349-362.

電腦視覺技術於多人 STEAM 教育的實作學習活動之分析與探討. 2021. PhD Thesis.

鄭育評, & 黃悅民. (2024). 結合運算思維與鷹架式學習以提升學生在 STEAM 教育的學習成效與參與度. *工程, 技術與 STEM 教育研討會*, 428-439.

劉瑋珊, 許學政, 呂宜臻, & 吳婷婷. (2022). STEAM 課程應用創造力技法於偏鄉國小之實作課程設計. *工程, 技術與 STEM 教育研討會*, 52-63.

鄧欣潔. (2024). 文物賞析融入 STEAM 課程學習成果研究: 以 [故宮 X 新北小漾 MAKER 號] 為例. *人文社會科學研究: 教育類*, *18*(2), 107-134.

附件一 STEAM 結合跨域學習提升虛擬人形象設計之實作教學教案

單元主題	視覺傳達設計	週次	第4~8週		
對象	數位媒體設計系大二學生	人數	35人	總時數	600分鐘
場地	數媒系電腦教室102	日期	10月~12月	課程時間	4週*3節*50分
單元目標	1.能設計出具有特色的虛擬人形象設計成品 2.能運用軟體技術完成虛擬人視覺識別設計成品 3.培養STEAM結合跨領域教學、問題解決能力和溝通的能力				
教學資源	電腦及專業繪圖軟體、印表機、攝像頭、攝影機、電腦周邊用品、妝髮服裝材料費				
教學方式	翻轉教學、講述教學、操作示範、實作練習、個人作業、小組討論、小組報告				
教學過程	教師活動： 1.虛擬人視覺設計(1)：臉型/彩妝 2.虛擬人視覺設計(2)：頭髮/髮型 3.虛擬人視覺設計(3)：外觀/服裝 4.虛擬人視覺設計(4)：整體造型	學生活動 1.進行角色設計資料蒐集與企劃 2.進行角色設計視覺風格的初稿構想與表現 3.進行角色設計色稿繪製與技術呈現 4.進行角色設計作品分享、觀摩與討論			
單元大綱教學程序	以著STEAM理念將教材從「生活與跨領域」來出發，傳統教學讓學生只倚賴圖片思考角色的造形設計，這次課程安排結合人物塑形師、化妝師、數位髮型設計師、數位服裝設計師，指導學生設計進行專業之虛擬人物形象設計；另以平面設計師、形象行銷專家來帶領學生如何為虛擬人視覺識別系統設計及品牌形象設計，並進行虛擬人實作產學計畫。				
教學評量	單元：虛擬人形象設計 (STEAM) 1.進行虛擬人設計資料蒐集與企劃，選擇符合及適合資料與表現(S)				

| | 2.能將初稿單之設計作品,使用繪圖軟體及電腦周邊工具進行整合繪製。(T)
3.能運用設計原理來修正作品造型,完成整體技術流程,使得作品更有特色。(E)
4.能將虛擬人造型賦予創意美感,使得作品外型更加優質。(A)
5.能將虛擬人設計整體構成比例,調整達最佳視覺狀態。(M) |

課堂	教學內容	6E 模式教學	對應 STEAM 內涵
第四週 (第一節~ 第三節)	1.虛擬人臉型彩妝設計(業師解說示範) 2.學生進行觀察紀錄並繪圖 3.設計初稿單 作業:1.個人練習、2.分享設計、3.完成初稿單	投入、 引發興趣積極參與探索解釋	1.進行虛擬人物設計資料蒐集與企劃,選擇符合及適合資料與表現(S) 2.能將初稿單之設計作品,使用繪圖軟體及電腦周邊工具進行整合繪製。(T) 3.能運用設計原理來修正作品造型,完成整體技術流程,使得作品更有特色。(E) 4.能將虛擬人物設計造型賦予創意美感,使得作品外型更加優質。(A) 5.能將虛擬人物設計整體構成比例,調整達最佳視覺狀態。(M)
第五週 (第一節~ 第三節)	1.虛擬人髮型造型設計(業師解說示範) 2.學生進行觀察紀錄並繪圖 3.設計初稿單 作業:1.個人練習、2.分享設計、3.完成初稿單	投入、 引發興趣積極參與探索解釋	^
第六週 (第一節~ 第三節)	1.虛擬人服裝造型設計(業師解說示範) 2.學生進行觀察紀錄並繪圖 3.設計初稿單 作業:1.個人練習、2.分享設計、3.完成初稿單	投入、 引發興趣積極參與探索解釋	^
第七週 (第一節~ 第三節)	虛擬人系列視覺設計提案 1.成果發表,並讓學生互相評量與觀摩作品 2.與業師給予學生評量及評分	豐富/深化評估	^

附件二 教學相關表單：(學生問卷與訪談表單

各位同學好，在本門課程（視覺傳達設計）中採用了業師跨域教學方法，來帶領同學們進行虛擬人形象設計的專題實作。這一份問卷主要是調查目前同學們在修習這門課時的滿意度調查，請同學們以您目前的想法，直觀且誠實來填答即可。這份問卷的結果，僅提供作為老師的教學研究使用，以作為改進本門課程教學方法的參考。

授課老師 張美春 敬上

滿意度問項

教師教學
1. 參與本課程，老師和專家整體的教學方式與態度，讓我感到滿意。
2. 參與本課程，有助於提升我的專業技能應用於實務上。
3. 參與本課程，有助於提升我對角色視覺設計的了解。
4. 總體而言，參與本研究，對我的設計實務有正面幫助。

課程教材
1. 對於本課程之教學內容安排，我有感受到。
2. 對於本課程之授課時數安排，我有感受到。
3. 對於本課程之教材內容，我有感受到。
4. 對於本課程之進行流程，我有感受到。

專業知識
1. 參與本課程，讓我學習跨領域(表藝系)角色造型設計知識。
2. 參與本課程，讓我學習角色應用於視覺傳達設計的知識。
3. 參與本課程，讓我學習跨域教學於角色實作的技巧技能。
4. 參與本課程，讓我明瞭具備跨域實作運用在角色設計的重要性。

專業態度
1. 參與本課程後，我對跨域教學實作學習更感興趣。
2. 參與本課程後，我對角色視覺設計的知識會更主動學習。
3. 參與本課程後，我對跨域教學設計實作會更主動學習。
4. 參與本課程後，我對自己角色視覺設計的技能更有自信。

虛擬人形象設計－學生訪談表單

日期/　　　班級/　　　學號/　　　姓名/
1.在 STEAM 設計與繪製的階段主題作業中(虛擬人形象設計)，你學到那些知識或技能呢?遇到哪些困難?如何解決? 答：
2.你所設計的作品，有你些是來自實際生活中的印象(或相關資料搜尋)? 答：
3.就設計的繪製上，對你在進行作品設計時，是否產生影響或困難?原因為什麼? 答：
4.在此階段的課程，你對自己的實作表現如何? 觀察同學的表現為何? 有沒有什麼建議? 答：
5.你對 STEAM 結合跨領域課程實施的方式，有沒有什麼建議? 答：

系列代表著作二

STEAM-6E 融入海洋生物以提升虛擬角色實作課程之學習成效

本篇獲「113 年度大專校院教育部教學實踐研究計畫-(計畫編號 PSK1137742)
STEAM-6E 融入海洋生物以提升虛擬角色實作課程之學習成效」補助
並於 113 年度教學實踐研究計畫[專案]技術實作學門成果交流會公開發表
經匿名審查

擬形象力：STEAM-6E 跨域設計教學實踐

教育部教學實踐研究計畫成果報告

Project Report for MOE Teaching Practice Research Program

計畫編號/Project Number：PSK1137742

學門專案分類/Division：[專案]技術實作

計畫年度：■112 年度一年期 □111 年度多年期

執行期間/Funding Period：2023.08.01 – 2024.07.31

STEAM-6E 融入海洋生物以提升虛擬角色實作課程之學習成效

STEAM-6E integrates marine life to improve the learning effectiveness of virtual character implementation cross-domain courses

(角色動畫與動態捕捉/ Character Animation and Motion Capture)

計畫主持人(Principal Investigator)：張美春 助理教授

執行機構及系所(Institution/Department/Program)：

東南科技大學／數位媒體設計系

獲獎證明 1

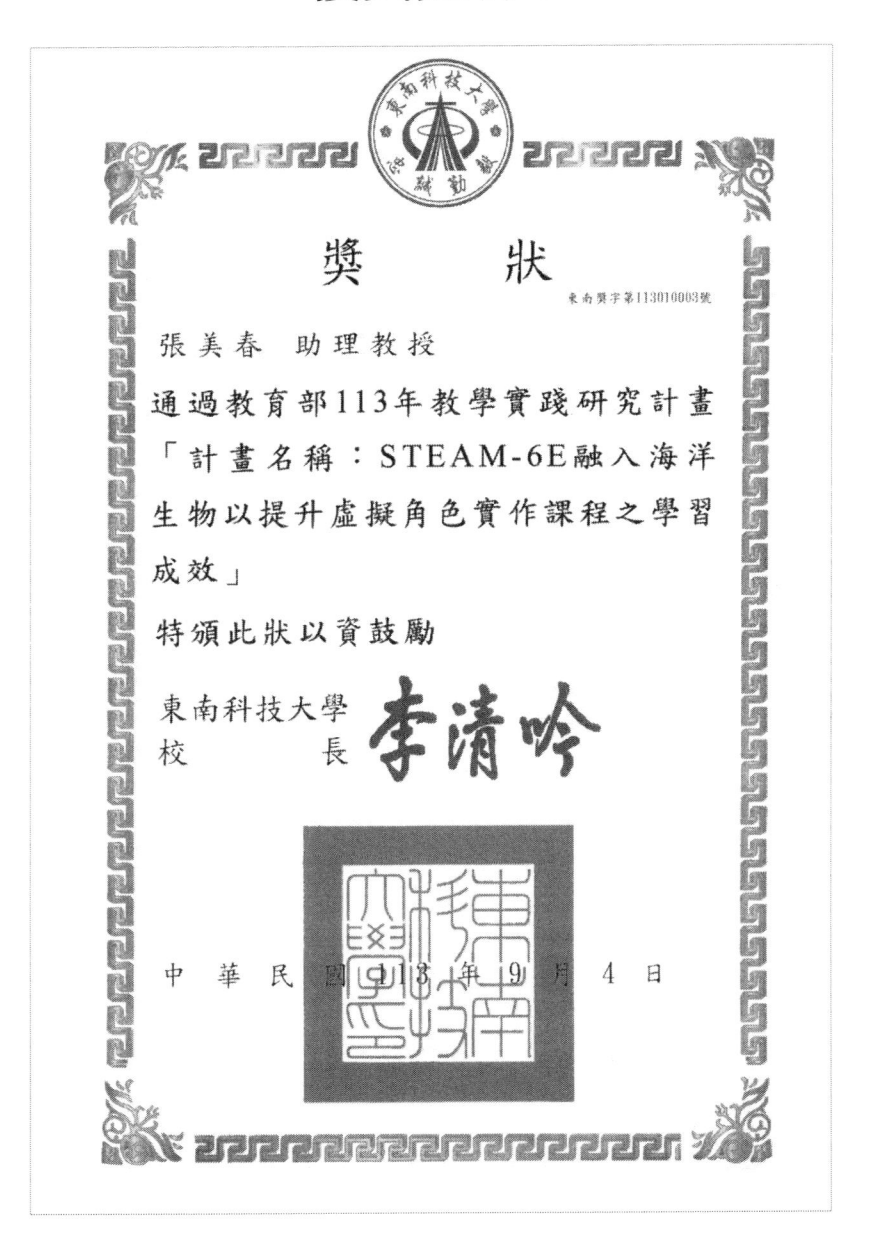

教育部 113 度教學實踐研究計畫「STEAM-6E 融入海洋生物以提升虛擬角色實作課程之學習成效」獎狀，東南科技大學

獲獎證明 3

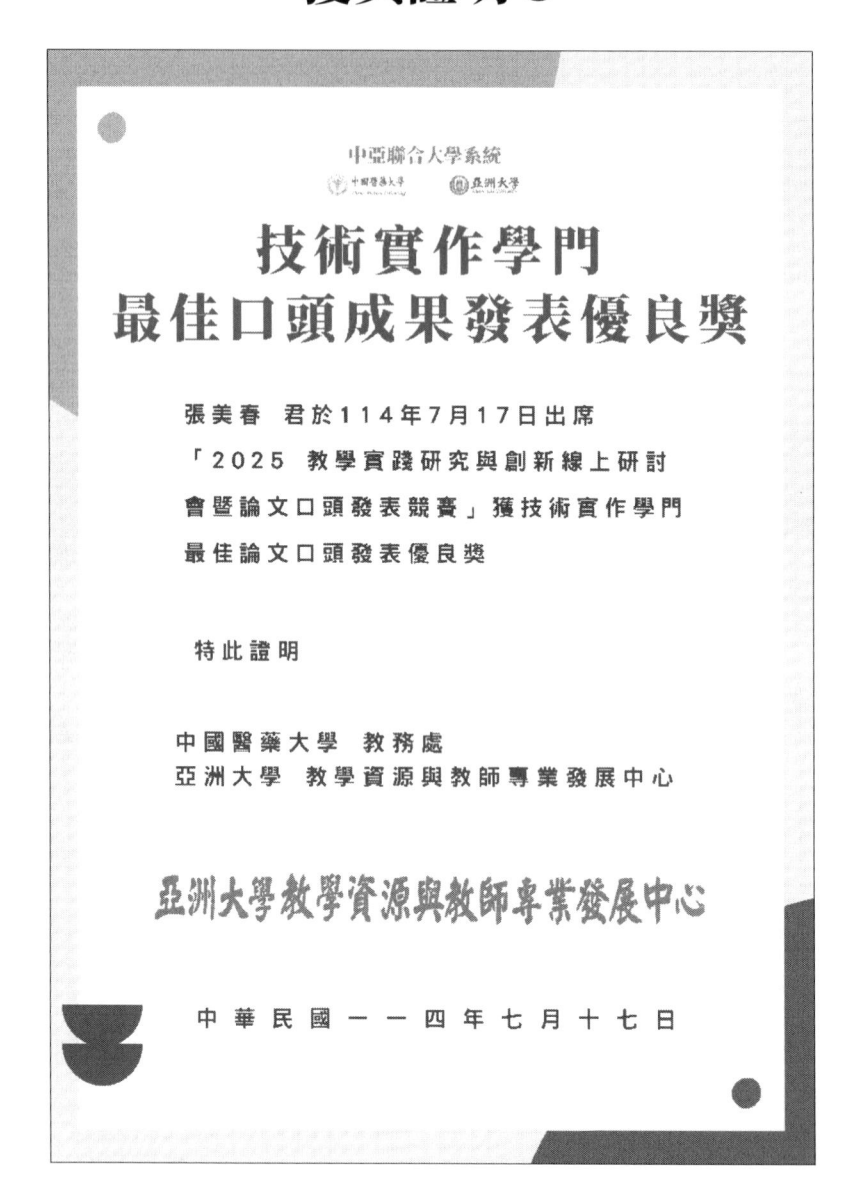

「從海洋意象到虛擬角色：VTuber 教學設計與學生學習成效之實踐研究」

2025 教學實踐研究與創新線上研討會暨論文口頭發表競賽

（亞洲大學）優良

獲獎證明 2

「從海洋靈感到角色商品：跨域設計教學的實作研究」
2025 教學實踐研究研討會（國立高雄科技大學）佳作

公開發表證明

(114) 高科大教務發證字第11400991號

國立高雄科技大學
National Kaohsiung University of Science and Technology

國立高雄科技大學「2025教學實踐研究研討會」

研討會發表證明

茲證明

台端參加本研討會學術論文海報發表

發 表 者：張美春
發表題目：從海洋靈感到角色商品：跨域設計教學的實作研究
承辦單位：國立高雄科技大學教務處教學發展中心
發表時間：114年7月18日（星期五）
發表地點：國立高雄科技大學教務處教學發展中心線上展覽網站

中華民國 114年7月18日

「從海洋靈感到角色商品：跨域設計教學的實作研究」
2025教學實踐研究研討會（國立高雄科技大學）
計劃案成果內容部分節錄，經匿名審查

STEAM-6E 融入海洋生物以提升虛擬角色實作課程之學習成效

張美春

東南科技大學 數位媒體設計系 助理教授

摘要

　　本計畫將進行「虛擬角色造型設計」之技術人才培育與研究，特別是在數位內容人才教學創新上，期望運用 STEAM-6E 融入海洋生物跨域體驗教學，來提升角色造型聯想實作設計能力。面對地球暖化的議題，隨著科技發達與發展，已影響到大自然的環境與生態平衡，特別是海洋世界，海洋生物造型有其美麗與獨特，其豐富元素有助於角色造型的發想，本次課程以圖文解說趣味化方式來探討海洋教育的生態與造型特色，在課程導入海洋科普知識，培養學生對於海洋生物的知識素養。著重於學生個人創作力的培養，運用著圖像聯想教學（Graphic Association）來實施，來提升學生的探索與原創能力，並採用專題導向學習（Project-Based Learning, PBL），以專題小組方式運作，讓學生們發想設計、問題解決、決策擬定或進行研究創作的活動。執行過程中，利用同儕師徒制於做中學，讓參與之學生、助教、教師與業師可互相學習成長，導入產學計畫「以案養才」，讓學生實際學習到業界提案，並進行海科館探訪、校外教學、跨域體驗及專家協同教學等，藉由設計實作的過程，讓學生更認識海洋生物的美麗樣態，進一步保護且珍惜海洋環境。

關鍵字：STEAM-6E、海洋生物、虛擬角色、圖像聯想、專題導向學習

STEAM-6E integrates marine life to improve the learning effectiveness of virtual character implementation cross-domain courses

Mei-Chun Chang

Tungnan University, Department of Digital Media Design, Assistant Professor

Abstract

This project will carry out technical talent training and research on "virtual character modeling design", especially in the teaching innovation of digital content talents. It is expected to use STEAM-6E to integrate marine life cross-domain experiential teaching to enhance the character modeling associative implementation design capabilities. . Facing the issue of global warming, with the advancement and development of science and technology, it has affected the environment and ecological balance of nature, especially in the ocean world. The shapes of marine creatures have their own beauty and uniqueness, and their rich elements contribute to the development of character shapes. I think this course explores the ecological and modeling characteristics of marine education in an interesting way with graphic explanations, introduces marine science knowledge into the course, and cultivates students' knowledge of marine life. Focusing on the cultivation of students' personal creativity, it uses Graphic Association teaching to improve students' exploration and originality abilities. It also adopts Project-Based Learning (PBL) and operates in a focus group manner. Activities that allow students to think about design, solve problems, make decisions, or conduct research and creation. During the implementation process, the peer mentoring system is used to learn by doing, so that participating students, teaching assistants, teachers and practitioners can learn and grow from each other, and an industry-university program "nurturing talents through cases" is introduced to allow students to actually learn industry proposals and Through visits to marine science museums, off-campus teaching, cross-domain experiences and expert collaborative teaching, through the design and implementation process, students can better understand the beauty of marine life and further protect and cherish the marine environment.

Keyword: STEAM-6E, marine life, virtual characters, image association, topic-oriented learning

一、教學、課程或設計理念

(一) 研究背景與虛擬角色產業發展趨勢

隨著**虛擬實境（Virtual Reality, VR）、擴增實境（Augmented Reality, AR）**、**動作捕捉（Motion Capture）與人工智慧（Artificial Intelligence, AI）**等科技的迅速進展，**虛擬角色（Virtual Characters）與虛擬主播（Virtual YouTubers, VTubers）**已成為全球數位內容產業的重要發展方向。特別是自 2016 年日本虛擬 YouTuber「絆愛（Kizuna AI）」爆紅後，虛擬角色逐漸從傳統動畫、遊戲中之附屬元素，**躍升為具備擬人互動性、社群價值與文化傳播力的「數位人格（Digital Persona）」**（Ishii, 2020）。

根據 **Grand View Research（2023）的產業預測報告指出，全球虛擬角色市場預計將於 2030 年突破 500 億美元，未來應用將涵蓋娛樂、行銷、公關、教育、觀光、醫療與文化遺產保存等多元領域**。此發展趨勢促使內容生產邁向多模態與沉浸式體驗，也進一步**改變設計教育的範式**，促使教育者重新思考：「**如何在虛擬角色教學中培養虛擬形象力與跨域整合能力？**」

在臺灣，**VTuber 與虛擬角色設計已逐步進入高等教育及產業應用的核心議題**。近年來，多所科技大學及藝術設計相關系所已將虛擬角色納入課程模組中，涵蓋 **3D 建模、角色動畫、聲音設計、數位敘事與社群經營**等多面向，並嘗試培育兼具技術、創意與敘事表達能力之跨

域人才。然而，教學現場仍面臨多重挑戰，諸如：

- 學生專業基礎落差大，能力斷層明顯；
- 教學模組多為**技能導向或工具導向**，課程設計碎片化；
- 難以**連結真實職場脈絡與產業實務**；
- 學生作品缺乏文化深度、社會關照與敘事結構，易流於表層裝飾。

為回應上述困境，本研究導入 **STEAM-6E 教學模式**作為課程設計核心。此模式整合**科學（Science）、科技（Technology）、工程（Engineering）、藝術（Arts）與數學（Mathematics）**五大領域，並以 **6E教學步驟——引發（Engage）、探究（Explore）、解釋（Explain）、延伸（Elaborate）、**評鑑（Evaluate）與賦能（Empower）****為教學架構，有助於學生逐步建構認知、深化理解與應用創作，**強化其虛擬角色創作的統整性與批判性能力**（Bybee, 2009；李政憲, 2019）。

本研究課程設計以**虛擬角色實作為主軸**，串聯**海洋教育、生物擬人、美學設計與數位敘事**等跨域元素。透過角色設計過程，學生不僅學會數位技術，更能觸及社會與環境議題，培養其「**創意表達、文化轉譯與提案溝通**」三項核心能力。此教學實踐亦期望**縮短「學用落差」**，讓學生具備進入**新媒體與沉浸式內容產業**之職場競爭力。

總結而言，**虛擬角色產業的發展已超越單一數位技術的應用，轉向多學科整合與文化敘事導向**。在此趨勢下，技職教育現場亟需建立**實作導向、系統化且強調跨域融合**之課程架構。本研究即奠基於上述背景與需求，期望透過 **STEAM-6E 教學模式的導入與實踐**，探索虛擬

形象力的養成路徑，並為**未來設計教育創新與技術實作教學**提供可行策略與發展藍圖。

（二）數位設計與海洋教育跨域整合之契機

隨著數位科技（如 AI、AR/VR、生成式設計工具）的快速進展，**虛擬角色（Virtual Characters）已廣泛應用於動畫、遊戲、品牌行銷、教育推廣等多元領域**。角色設計與擬人化創作不僅有助於學生學習數位繪圖與動畫製作技術，更強化其**敘事表達、創造思維與文化觀察的能力**。當前教育改革強調跨域整合與實作導向學習，推動教學從傳統的技能訓練轉型為結合創意、科技與文化素養的跨學科實踐（Henriksen, Mishra, & Deep-Play Research Group, 2019）。

本研究以**「虛擬形象力」為核心教學理念**，整合數位媒體設計與海洋教育資源，發展出以 STEAM-6E 為導向的跨域課程架構，**致力於培養學生具備「創意實作能力」與「環境永續素養」的雙核心專業**。

在課程實施面，計畫與基隆國立海洋科技博物館、潮境智能海洋館合作，導入海洋生物多樣性、環境議題與在地文化元素，發展以**「仿生角色設計與場域敘事」為主軸的創作歷程**。學生透過場館導覽、田野觀察與靈感轉譯，逐步發展角色造型、背景設定與故事架構，不僅提升其對於自然與文化議題的敏感度，也深化創作內容的敘事張力與文化識別度。

此外，課程整合 AI 輔助工具（如 PoseMy.Art、Adobe Firefly、Runway ML 等），引導學生實踐從資料觀察、影像轉譯到敘事創作的數位設計流程。**此歷程強化學生的圖像轉碼、視覺編碼與跨模態創作能力，回應新媒體設計職能對創意數位素養的高度要求。**

在創意實踐面，課程並與表演藝術系合作，探索**「黑哥德風格」之視覺語彙與角色戲劇化再現**。學生透過肢體訓練、角色情境演出與風格化服裝設計，讓虛擬角色轉譯為可感知的視覺敘事與舞台表現形式。此跨系合作模式，**促進學生在角色詮釋、影像製作與沉浸式敘事上的多維整合**，也契合產業對 VTuber、AR 角色設計等領域之實務需求（Cheng, Tsai, & Huang, 2020）。

課程架構採用**6E 學習循環模式**（Engage, Explore, Explain, Elaborate, Evaluate, Extend），具體落實技職教育「做中學、學中創」的精神：

- **Engage（引發）**：參與導覽活動與主題探討，激發創作興趣
- **Explore（探究）**：實地觀察、資料蒐集，連結在地脈絡與文化底蘊
- **Explain（解釋）/Elaborate（延伸）**：構思角色設定，進行數位建模與敘事轉譯
- **Evaluate（評鑑）/Extend（賦能）**：藉由作品發表與回饋檢核創作歷程，拓展應用場域與社會影響

透過此教學設計，學生得以於真實情境中整合「科技創新、文化敘事、環境關懷」三項向度，**培養系統性思考與創作的能力，並發展具市場潛力與社會意義的實務作品**（Lin & Chang, 2020）。

總結來說，本計畫以STEAM-6E教學模式為架構，強調**數位設計 × 海洋教育 × 跨域合作**三位一體的課程理念。透過與博物館、社區場域、藝術系所等合作平台的整合，**使設計教育由「技能傳授」轉向「知識創造、價值共構」的教學實踐旅程**，進一步培育具備文化感知、永續意識與數位創新力的設計人才。

（三）教學現場困境與課程優化之需求分析

在數位多媒體設計快速演進的背景下，**技職體系的設計教育現場正面臨多重挑戰**。這些困境不僅限於學生層面的學習動機與技能落差，更涵蓋設備資源分配不均、跨域協作推動障礙、以及課程與產業需求接軌的斷裂等問題。因此，課程設計的優化需從「學生特質」、「教學資源」、「學用整合」三方面著手，建構能貼合產業趨勢與學生需求的教學機制。

首先，在學生層面，**數位設計相關科系學生普遍具備創造潛力與圖像敏感度**，但因招生來源多元，學生基礎能力分布落差甚大。一部分學生已具備繪圖、程式設計或動畫製作背景，能迅速掌握虛擬角色技術；但亦有部分學生對設計概念、敘事邏輯、角色建構缺乏認識與訓練，導致學習進程不易同步推進，增加教師課堂管理與教學設計的負擔（Huang & Chiu, 2021）。

其次，從教學資源面觀察，**虛擬角色設計涉及 3D 建模、動作捕捉、影音合成與 AI 生成技術等設備密集型實作**，需仰賴高效能運算硬體與

授權軟體。但現行校園資源更新頻率與業界差距甚鉅，且軟體授權、設備維護成本高，影響學生熟練實作技術的機會，導致學用落差擴大（Wang, Lee, & Tseng, 2020）。再加上近年 AI 生成式內容（AIGC）興起，教師亦需持續進修數位轉型技能，方能引導學生緊扣產業動向。

再者，在課程設計層面，**部分課程仍偏重單一技能導向（如繪圖、動畫或剪輯等工具操作）**，較少涵蓋專案整合、提案邏輯、用戶經驗等核心職場能力訓練。學生多習於完成教師設定的明確任務，缺乏主動規劃與解決問題的創新意識，使其難以應對跨部門溝通與產業實務中的複雜情境（Chen & Lin, 2022）。

此外，雖然跨域協作已被視為未來人才培育的關鍵，但在教學現場**仍因語言隔閡、學科方法論差異與時間協調困難**，導致跨系專案推動成效有限。教師需額外擔任協調者、設計整合教學節點與產出評量標準，若缺乏制度化支持與資源保障，將大幅提升教學負擔（Tsai, Wang, & Li, 2019）。

最後，在職場銜接方面，多數學生雖具創作能力，但**缺乏商業提案、成本預估、時程控管與客戶溝通等「實戰力」**。部分教師也因未實際參與業界專案，課程內容與業界標準存在落差，使學生在實習或就業初期難以立即勝任工作（Kuo, Chen, & Lai, 2021）。

基於上述挑戰，未來的設計教育應著重：

- **整合性專題導向學習（Project-Based Learning, PBL）**
- **創造性問題導向學習（Creative Problem-Based Learning）**

- **師徒共學與產學實作融合**
- **跨域協同設計與場域參與**

藉此強化學生「從構想 → 提案 → 執行 → 發表」的完整歷程訓練，並透過真實場域與專業導師引導，培育具備產業適應力與創新實踐力的數位人才（Liu & Chen, 2023）。

（四）研究目的與核心問題意識建構

在數位媒體設計教育日趨重視跨域整合與實作導向的教學趨勢下，**「虛擬形象力：STEAM-6E 跨域設計教學實踐」** 以提升學生在虛擬角色設計、內容製作與實戰應用的能力為核心，強調理論與實務並重、課堂與產業接軌、創意與科技整合。面對學生學習動機薄弱、技術斷層、創意思維不足與職場準備不全等現況，本研究旨在透過系統化的課程設計與實施，提出具體解方與實踐策略。

1.研究目的

本研究的主要目的如下：

發展一套以 STEAM-6E 為導向的跨域教學模式，結合設計、科技、藝術與社會實踐，提升學生的虛擬角色設計能力與數位創作素養。

強化學生的創意表達與跨領域整合能力，從造型、敘事、動畫製作、影音演繹到角色行銷，培養完整創作與應用鏈。

提升學生自我效能與學習動機，透過實務導向、問題導向與創新導向

的課程結構，改善傳統教學中學生被動學習、模仿式創作的問題。

建立教師教學社群與產學協作平台，促進教學經驗交流與專業知識共創，強化師資教學能量與課程永續發展性。

縮短學用落差，強化職場銜接能力，使學生具備符合業界期待的提案、實作與專案管理能力。

2.核心問題意識分析

本研究聚焦在以下五個層面之教學挑戰與關鍵問題：

1. 學生面：學習動機與能力落差大

多數學生在數位繪圖、3D建模與角色設定上呈現「M型化現象」，有經驗者能快速上手，無經驗者則難以進入狀況。**缺乏基礎圖像語言與數位工具操作能力**，造成學習進度難以統一（Liu & Chang, 2020）。此外，學生普遍缺乏文化觀察與角色設計的深度，容易流於模仿既有風格（Chen et al., 2019）。

2. 教師面：跨領域教學能力需提升

面對VTuber、動畫、角色行銷、表演與科技整合等內容，教師若僅具設計背景，常面臨課程深度與技術銜接的挑戰。**師資須從單一領域教學轉向多元整合與協同授課**（Chang & Lin, 2021）。

3. 課程設計面：缺乏系統化與任務導向流程

現有課程多以技術片段呈現，缺乏「設計—製作—推廣」完整流程導引。**無法有效培養學生的專案管理與創作思維**，進而影響其未來

職場競爭力（Tseng & Lai, 2022）。

4. 環境與設備面：資源有限，協同機制不足

VTuber 製作牽涉到 3D 建模、動作捕捉、聲音錄製與串流設備，部分學校在教學設備與場域支援不足，亦缺乏與在地產業的協同平台（Wu, 2021）。**資源分配不均亦造成教學落差。**

5. 職場銜接面：學用落差持續擴大

學生雖具備基礎技術，卻缺乏提案簡報、專案溝通、行銷推廣等能力，**難以勝任完整商業流程。**因此，本計畫希望建立從「角色創作」到「角色應用」的產業鏈思維，提升學生實務對接力（Huang et al., 2023）。

3.研究問題

依據上述分析，本研究擬解決的核心問題如下：

1. 如何透過 STEAM-6E 教學模式，有效整合跨領域知識，提升學生的虛擬角色設計能力？
2. 如何設計實作導向與提案導向的課程，強化學生的專案能力與職場銜接力？
3. 如何建立師生協作與產學合作機制，**讓虛擬形象設計課程更具實用價值與發展潛力？**

二、教學、課程、設計理念及學理基礎

（一）STEAM-6E 在創作導向課程之實務應用

在全球教育強調「跨域整合」、「素養導向」與「實作學習」的發展脈絡下，**STEAM 教育**（Science, Technology, Engineering, Arts, Mathematics）已成為創意與科技並重課程設計的重要基礎。進一步整合 **6E 學習模式**（Engage、Explore、Explain、Elaborate、Evaluate、Extend）後，形成一套兼具啟發性與系統性的教學設計框架，不僅能提升學生的學習動機，更可有效促進創造力、問題解決能力與專案導向實作力的養成（Bybee, 2009；Fan et al., 2020）。

尤其在數位設計與虛擬角色開發等創作導向課程中，學生需結合視覺語彙、數位工具、敘事能力與社會議題理解，進行複雜內容的設計與轉譯。此一過程恰與 STEAM-6E 模式高度契合。其強調的「探索-延伸-評估」循環歷程，能逐步建構學生的知識體系與創作策略，並透過分段任務提升其學習動力與成就感。

Lin et al.（2023）於虛擬實境導向的 STEAM-6E 課程實驗研究中指出，該模式能顯著提升學生的課程參與度與創新思維，特別是對學習風格差異大與創作經驗不足的學生，更能提供具結構性且支持性的學習路徑。此外，Yang（2023）亦證實，在結合 AR 應用與數位敘事之課程中，STEAM-6E 可強化學生將科技工具內化為創意手段，提升其在創作過程中對敘事結構、角色建構與媒材轉譯的掌握能力。

課程應用實例與階段說明

在本研究之課程設計實踐中，STEAM-6E 模式被導入至「虛擬形象力」為核心的角色創作課程中，並融合海洋教育、生物擬人、AI 設計與敘事敘寫四大核心面向。課程分為以下六階段操作，具體應用如下：

- **Engage（引發）**：透過海洋環境議題（如海洋塑膠污染、深海生態）、在地文化導覽（如基隆潮境公園、海科館展示），激發學生對主題的情境連結與設計動機。導入專家演講與案例觀摩，強化「學習即真實」的意識與參與感。

- **Explore（探究）**：學生進行場域觀察與博物館資料採集，透過田野筆記、影像紀錄與仿生參照，建立創作素材庫。此階段鼓勵多感官探索與跨學科資料整合，培養系統觀察與多元資料轉譯能力。

- **Explain（解釋）**：教師引導學生分析所收集之資料，並透過跨域工作坊（例如動物擬人設計、生物構型分析、敘事語言工作坊），協助學生將自然觀察結果轉化為角色設定與世界觀構築，培養結構性敘事邏輯與視覺設計理解力。

- **Elaborate（延伸）**：結合生成式 AI 工具（如 Runway ML、PoseMy.Art、Adobe Firefly）進行角色視覺草稿製作與動畫分鏡編排，讓學生具體發展虛擬角色造型、肢體語彙與情境表現，進行初步內容製作與團隊協作測試。

- **Evaluate（評估）**：實施段落性發表與同儕互評，並邀請外部專家進

行作品審查。學生除自我反思創作邏輯與敘事完整度外，亦透過多重回饋調整設計策略與表現形式。評估包含視覺敘事力、文化深度、創意整合度三大構面。

- **Extend（延展）**：鼓勵學生參與實體展演、數位競賽、業界提案或地方創生專案，進一步落實創作與社會需求的連結。部分學生之角色原型已進入校外展覽與企業合作提案階段，成功實踐「以案養才、以學入市」的教育精神（Lin & Chiang, 2019）。

（二）STEAM-6E 教學成效觀察與深化

根據課程歷程紀錄、作品成果與學生學習回饋綜合分析結果顯示，導入 STEAM-6E 教學模式後，學生在認知、情意與技能三個層面皆展現明顯進步，具體可歸納為以下三項主要成效：

1.學習動機與參與度顯著提升

STEAM-6E 教學歷程的首兩階段 Engage（引發動機）與 Explore（探究實作），藉由真實議題導向與任務驅動式學習設計，強化學生對課程的參與感與主體性。研究指出，當學習任務具有現實挑戰性且與學生生活經驗相關，能有效提升其自主學習動機與情境投入程度（Lin, Hsieh, & Liu, 2023）。特別是在虛擬角色設計這類融合敘事、美學與科技的課程中，學生對角色建構過程展現高度參與意願，主動查找參考資料、模仿視覺風格，甚至延伸進行社群發表與觀眾互動模擬，顯見

其學習投入度的提升。

此外，導入海洋教育議題如「仿生角色設計」、「深海生態擬人化敘事」等主題，也讓學生對永續議題建立認同感，促使其在創作中自然融入環境意識與文化脈絡，提升學習的社會連結性與價值共鳴（Fan, Yu, & Chen, 2020）。

2.創作能力與敘事整合力強化

在 Explain 與 Elaborate 階段，學生需將觀察與資料分析成果轉化為角色概念與情節架構，此一轉譯歷程即是跨域整合與創造思維的核心實踐。透過 STEAM-6E 的多階段進程，學生不僅學會如何運用數位工具進行角色造型、肢體語彙與故事編排，更能結合仿生知識、美學語言與社會符碼，完成兼具形式與內容深度的創作作品。

Imamyartha et al.（2024）指出，6E 模式中強調階段性建構與多模態輸出，可有效促進學生從感知、理解到創作的轉譯能力，特別在設計教育中，可加強學生將抽象思維內化為視覺語彙與敘事結構的能力。此外，學生在課程中對角色世界觀建構、動作腳本分鏡與情節邏輯亦表現出良好整合能力，並能將作品轉化為具情感表達與社會回應力的數位敘事內容，顯見其創造力與批判性思維已獲初步培養。

3.專案合作與業界接軌意識提升

在 Evaluate 與 Extend 階段，本課程特別導入展演回饋、業界講評

與公開提案等歷程，使學生在實務操作中熟悉專案簡報、客戶對話與市場回應等流程。根據 Chung, Cheng, & Huang（2018）的研究，6E 模式在專案導向課程中的應用，能有效提升學生的任務協作力、自我效能與產業邏輯思考能力。

本課程中的角色創作小組於 Extend 階段，將所學轉化為展示專案並參與跨系聯展與創新競賽，透過實體展覽、角色走秀、虛擬社群互動等方式，成功實現虛擬形象的傳播與觀眾交流。部分學生更進一步將其角色延伸發展為短動畫、IP 概念網站，進行創業簡報與提案，顯示其對職場轉譯與產業鏈思維的初步養成。學生普遍反映，透過真實表現場域與專家回饋，不僅獲得成就感，更增強其進入職場的信心與適應力。

（三）海洋教育與仿生設計於課程中的延伸意涵

隨著永續發展教育（ESD）的推動與 STEAM 教育模式的深化整合，海洋教育（Marine Education）與仿生設計（Biomimicry Design）逐漸成為設計與技術導向課程中不可忽視的創新要素。透過引導學生從自然觀察中獲得靈感，轉化為創作概念，能有效提升其創意表現力、環境意識與跨域統整能力，尤為虛擬角色設計課程帶來豐富延伸。

1.海洋教育與永續素養之養成

海洋教育著重於海洋科學、生態系統、人與環境互動等知識的學習，旨在培養學生的海洋素養與永續意識。Asrifan et al.（2025）指出，透過藝術與設計介入的 STEAM 課程，學生不僅能認識海洋生物多樣性，也能在創作中反思人類行為與環境變遷的關係，進一步提升其社會責任感與問題意識。

在本研究所設計之「擬人化海洋生物角色設計」課程中，學生需前往如國立海洋科技博物館等場域進行觀察與資料記錄，認識珊瑚、海龜、鯊魚等具代表性的物種，並透過圖像紀錄、結構分析與故事設定轉化為角色設計基礎。此一歷程不僅強化學生在資料蒐集與歸納上的能力，也透過情境化學習提升其對生態議題的理解與認同。

2.仿生設計導入設計教學之策略

仿生設計（Biomimicry）是一種從自然界獲得啟發、模擬生物行為或結構以解決人類問題的創新設計方法。在 Stevens et al.（2021）研究中指出，仿生導向學習可有效結合設計導向學習（Design-Based Learning）策略，幫助學生理解生態原理與結構邏輯，進而提升其創意設計能力與系統性思維。

課程設計中，學生需選擇一種海洋生物作為觀察對象，並從其外觀、行為或生存機制中萃取元素進行角色轉化，例如模仿章魚的變色能力作為角色隱身特效的靈感來源，或將水母律動型態轉化為動畫動作曲線設計。此一從觀察到模擬的歷程，不僅培養學生的觀察力與資料詮釋能力，也增強其科學素養與創意思考能力。

3.結合數位工具的仿生創作歷程

仿生設計並非僅止於概念發想，更需透過數位工具進行具體化實作。在本研究課程中，學生需使用如 Blender、Substance Painter、Unreal Engine 等數位媒材，進行 3D 建模、材質擬真與動作模擬，使生物特徵得以轉譯為視覺語彙與互動特性。Johnson（2022）於其碩士論文中提出，仿生設計的教育轉譯需建構「觀察 → 模擬 → 驗證 → 優化」的歷程迴路，並建議在教學設計中引入多模態展示與批判性反思機制。這對虛擬角色課程而言，尤為重要，可提升學生從設計邏輯到功能轉換的整體理解。

4.從仿生設計到永續創意實踐

結合仿生設計與永續概念，有助於深化學生對自然環境的尊重與回應能力。Fried et al.（2020）指出，仿生設計在教育上不僅提供創作靈感，更是一種可培養「環境思維能力」（ecological thinking）的重要路徑。學生在角色創作過程中，需思考如何運用仿生元素來詮釋生存策略、物種協作與棲息地平衡，進而反思人類與自然的共存關係。

在此基礎上，Vasinayanuwatana 與 Plianram（2023）強調，仿生設計導向教學對於師資培育尤具價值。其研究以泰國師範生為對象，設計以海洋生物為起點的跨域教案開發任務，結果發現教師在設計中能更有意識地串聯科學知識、社會議題與藝術創作，並培養教學設計中的整合素養與永續思維。

5.教學轉化與未來發展方向

從教學實踐角度觀察，結合海洋教育與仿生設計於虛擬角色課程中，具有以下幾項轉化策略與延伸發展潛力：**建構探究導向的仿生設計歷程**：學生從自然觀察出發，透過筆記、繪圖、建模等歷程發展出自我風格的角色，培養其自主探究與設計語言能力；**導入永續素材與再設計概念**：鼓勵學生思考虛擬角色在商品化後的生態足跡，如結合海洋廢棄物再生（upcycling）作為角色配件靈感，促進資源循環與社會實踐連結；**跨域師資合作推動課程共備**：建議由設計教師、自然科教師與環境教育專家共同發展課程模組，提升教學設計的專業整合度與學科交融深度；**導入 AI 與仿真生成技術**：透過如 Runway ML、Kaiber、Midjourney 等 AI 圖像與動畫生成工具，協助學生快速驗證仿生構想，加速原型化歷程。

小結：設計即環境溝通的行動實踐

總結而言，將仿生設計與海洋教育融入 STEAM 課程之虛擬角色設計，不僅有助於提升學生的創造力與科技實作能力，更進一步強化其環境意識、社會感知與多元視角。學生不再只是設計者，而是扮演「文化詮釋者」與「生態溝通者」的角色。未來此類課程發展應聚焦於在地議題、國際視野與科技整合的深層對話，培育具備全球永續視角與跨領域實作力的創造型人才。

三、主題內容及方法技巧

案例二「海洋虛擬角色創作」教學實踐（STEAM-6E 應用）

透過「觀察→轉化→設計→展演」四階段引導學生進行角色造型創作。本課程融入**圖像聯想教學法**與**專題導向學習（PjBL）**策略，並搭配跨域體驗活動如海科館參訪與專家協同教學，提升學生在知識素養、原創力與數位實作技能之整合表現。

（一）研究設計

如圖 3-1，本研究計畫以 STEAM-6E 融入海洋生物以提升「虛擬角色造型設計」，課程過程安排跨領域專家進行設計相關教學，其特色在於讓學生跨域學習擴充視野，由於都是數位實作適合於教學現場研究觀察。因此，採用個案研究法，此方法強調現場實務工作者在實際情境中，根據遭遇的困境進行研究，以改善教育實務工作，解決實務上發生的問題，並提出解決方案。

由於 STEAM 適合以質性研究的方式來進行，以透過觀察、訪談與攝影進行課程資料蒐集，研究中以質性研究為主、量性調查為輔，透過教學省思札記、實作歷程-設計初稿單、學生訪談紀錄表單、STEAM 作品表現評量等進行蒐集，進一步探討學生的實作能力與學習成效。

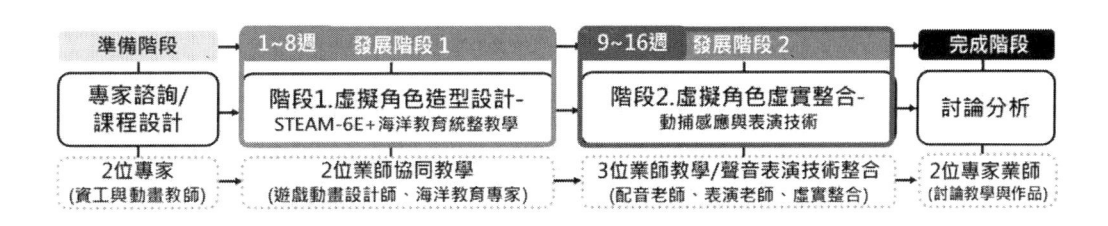

圖 3-1：「海洋虛擬角色創作」研究階段

　　本研究目的在於探討 **STEAM-6E 結合海洋教育與仿生設計的跨域教學**，是否能有效提升學生在虛擬角色創作課程中的**實作技能與創意思維表現**。課程設計以 **STEAM-6E 六階段對應虛擬角色設計歷程**（表3-1），結合設計思考與圖像聯想教學策略，進行跨領域創作訓練。

　　本研究之**自變項為**「**STEAM-6E 跨域教學介入**」（實施前測與後測），依變項為**學生之學習成就與創意自我效能**。整體研究架構如圖 3-2 所示。此外，亦對學生在課程結束後進行**教學滿意度調查**，調查面向包含教師教學表現、課程內容設計、專業知識應用與教學態度等面向。

　　本研究提出以下三項研究假說：

- **假說 1（H1）**：STEAM-6E結合海洋教育的跨域教學對學習成就具有正向影響。
- **假說 2（H2）**：STEAM-6E教學模式能有效促進學生的創意構思表現。
- **假說 3（H3）**：STEAM-6E課程實作有助於提升學生的創意實作能力。

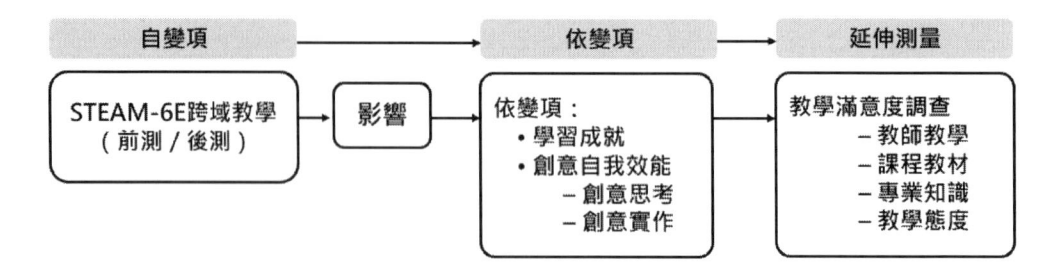

圖 3-2： 研究變項模型圖（研究架構）

表 3-1：STEAM-6E 六階段於「海洋虛擬角色創作」對應矩陣圖

6E 階段	課程活動	學習重點
Engage（引起動機）	探討海洋教育議題、角色案例分析	引起動機與學習興趣
Explore（探索研究）	海科館實察、生物觀察與資料收集	實地探索與形象觀察力
Explain（解釋說明）	仿生設計講座、角色說明與分析	跨域知識整合與理解
Elaborate（深化發展）	小組協作創作角色草圖與建模	創意思維與合作實作
Evaluate（評量回饋）	同儕互評、教師與業師講評	學習歷程與成效評估
Extend（延伸應用）	成果展演、公開發表、作品集整理	實務應用與延伸價值

（二）研究對象與抽樣方式

　　本研究之參與對象為東南科技大學數位媒體設計系大學部三年級學生，修習本系專業必修課程者為研究樣本。根據表 3-2，樣本共計 34 位學生，其中男性 20 人（58.8%）、女性 14 人（41.2%）；另就學歷背景觀之，具高職設計相關科系畢業者有 21 人（61.7%），其餘 13 人（38.2%）來自其他學制。所有參與學生皆已完成基礎設計訓練課程，包括角色設計、素描基礎、繪圖軟體操作與色彩計畫等，具備進行進階實作學習所需之基本專業能力。

表 3-2：「海洋虛擬角色」受測者基本資料

項目		樣本數	百分比（%）
性別	男	20	58.8 %
	女	14	41.2 %
畢業高職(中)科別	本科(多媒、廣告、美術等等…)	21	61.7 %
	非本科(高中、資訊、餐飲等等…)	13	38.2 %

　　本研究之實施場域分布於本校數位媒體設計系所屬之專業電腦教室與教學空間。主要教學與資料蒐集地點為數位媒體電腦教室，該場域配備完整之 Adobe 專業繪圖軟體套件、可供學生使用與借用之數位繪圖板，並搭載多項 VTuber 角色設計與應用工具，提供創作與角色模擬所需之數位平台。

此外，鄰近設施包括：虛擬攝影棚：提供影像合成與角色拍攝背景模擬；錄音室：支援角色語音創作、配音與聲音資料編輯；VTuber動作捕捉教室：具備全身骨架偵測與即時動作轉譯功能；展演中庭空間：可進行師生互動式成果發表與公開展演。本研究所進行之量化問卷調查、質性訪談訪談紀錄、與學習歷程觀察紀錄皆於上述多元教學空間中實施，確保數據蒐集的完整性與教學場景的一致性。該等設施提供學生實作創作、角色模擬與跨域展演所需之專業支援，亦有助於提升課程之實務導向與沉浸式學習經驗。

（三）教學情境與課程場域

為培育兼具**仿生造型、敘事設計與數位實作能力**之虛擬角色創作者，本研究課程於**東南科技大學數位媒體設計系**內規劃實施，並依據系上設置之「**虛擬網紅人才培訓基地**」進行教學實踐。課程整合 **STEAM-6E 教學模式**與**海洋教育、仿生設計、動畫實作**等跨域知識，透過多場域之教學操作，提供學生從概念構想到數位製作與公開展演的完整歷程，強化其跨域創作與媒體素養，如圖 3-3，海洋虛擬角色創作」教學場域整合示意圖。

本課程採**兩階段進行**：

- **第一階段：理論知識與技能訓練（第 1～8 週）**：課程於設計系電腦教室實施，學生學習海洋主題知識、仿生造型概念、數位繪圖、

角色設定與 2D 動畫剪輯技術，建立角色設計與圖像聯想能力之基礎。

- **第二階段：專題實作與展演製作（第 9～16 週）**：學生進入**動畫角色動作捕捉教室**、**虛擬攝影棚**與**錄音室**進行深度創作，執行虛擬角色的建模、配音、動作轉譯與影像整合，並以小組形式完成**以海洋生物為主題之角色創作與敘事動畫專題**。課程最後以「展演發表」方式呈現學生成果。

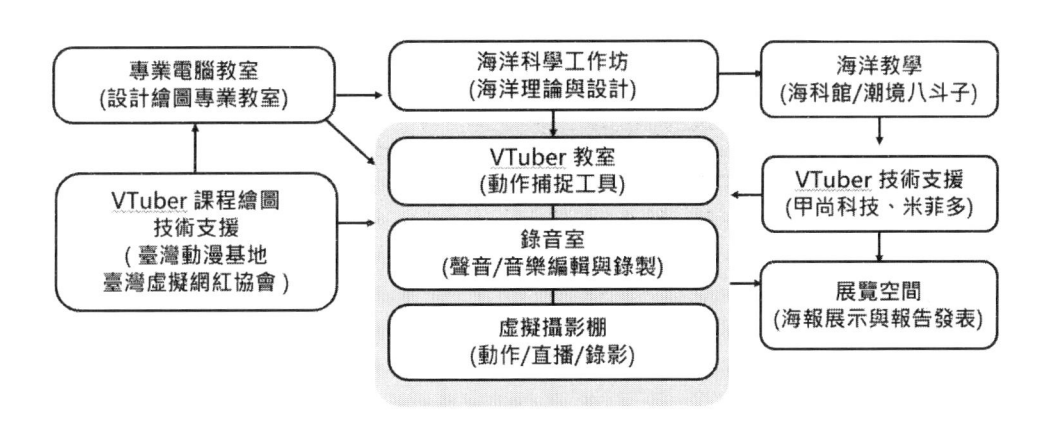

圖 3-3：「海洋虛擬角色創作」教學場域整合示意圖

如圖 3-3 所示，課程設計透過**多功能教學場域整合**與**校內外師資協同合作**，實現理論與實作並重、教學與產業接軌的雙軌目標。如圖 3-4 課堂場域包括：數位媒體專業電腦教室（Adobe 全套繪圖軟體、繪圖板設備）、VTuber 專用角色模擬與直播系統、動作捕捉實驗室（具備骨架追蹤與即時轉譯功能）、錄音室（角色聲音設計）、展演中庭（最終成

果發表使用)。

本課程同時導入**師徒制教學法**，邀請多位跨領域業師進駐課堂，提供專業指導與實務案例分享，包括：**動畫製作業師**2名（動作編輯與角色演出設計）、**角色造型設計師** 1 名（仿生外觀與風格設計）、**VTuber 應用專家** 1 名（數位人物互動介面設計）、**海洋教育專家** 1 名（科普內容與敘事導向整合）、**動作捕捉講師** 1 名（專業動補技術實作指導）。

校外教學與專業技術支援，有：海洋教學（國立海洋科學館潮境智能館、潮境公園、八斗子等地）、VTuber 專業技術支援（臺灣動漫基地、臺灣虛擬網紅協會、甲尚科技、米菲多媒體）；實習廠商與技術提供，有：羊咩咩整合行銷、飛天膠囊數位科技、摩力動畫等公司。

學生可於各階段中與專業師資進行討論與共創，深化對虛擬角色創作流程、海洋知識轉譯與數位工具應用的整體理解，並強化其創意思維與專業實作能力。

電腦教室上課情形　　　　動作捕捉上課情景　　　　海洋戶外課程

同學使用動作捕捉教室　　　　海洋戶外課程　　　　　　作品展演的情景

圖 3-4：「海洋虛擬角色創作」場域設備

（四）教學設計與實施

1. 課程架構

　　課程整體規劃分為**兩大教學階段，如圖 3-5：前期階段（第 1～8 週）—理論建構與技能培養，**本階段以「虛擬角色設計基礎」為主軸，針對海洋環境、海洋生物外觀特徵與仿生造型概念進行介紹，並融入 STEAM 中的「科學（海洋生物）」、「技術（數位繪圖）」、「藝術（造型設計與色彩應用）」等元素。課程內容包含：海洋教育與永續議題導入（Engage）、海洋生物觀察與資料蒐集（Explore）、仿生設計理論講解與圖像轉化練習（Explain, Elaborate）、數位繪圖軟體操作訓練（如 Adobe Photoshop、Clip Studio 等）。

圖 3-5：「海洋虛擬角色創作」（STEAM-6E 應用）課程規劃

後期階段（第 9～16 週）——整合實作與成果發表，進入跨域創作與角色動畫整合階段，學生將組成小組進行角色設定、敘事構思、動作設計與影音製作。課程活動與學習歷程包含：專題分組與角色腳本開發（Elaborate）、動作捕捉技術實作與角色動作轉譯（Evaluate）、錄音配音、角色語音整合與剪輯（Evaluate）、成果展示與公開發表（Extend）。

整體課程設計導入 **PBL（Project-Based Learning）專題導向學習法**，以真實問題情境為主題，結合 STEAM-6E 學習歷程，引導學生完成具文化深度與美感創造力之海洋主題虛擬角色設計作品。此外，課程亦安排**業界協同教學與實務講座**，邀請動畫設計師、角色造型師、海洋教育專家與 VTuber 應用顧問進入課堂擔任業師，導入「師徒制」

輔導機制，從實務面協助學生解決創作問題與技術挑戰，深化其對虛擬角色製作流程的理解與掌握。

課程學習目標首先是提升學生於**角色造型設計、數位繪圖與動畫動作捕捉**等專業技術之應用能力，接續培養其對**海洋教育、永續議題與仿生概念**之理解與轉化創作能力，並鍛鍊其**跨域溝通、團隊合作、問題解決與創新表達**等關鍵能力，同時也鼓勵學生將數位創作轉化為具備社會關懷與文化價值的設計作品。

2.對應 STEAM-6E 學習活動

本課程依據STEAM教育內涵與6E學習流程（Engage、Explore、Explain、Engineer、Enrich、Evaluate）進行設計，將海洋生物生態知識、仿生造型原則與數位創作技能有機融合，形成具備遞進式與創造導向的教學活動架構，全面提升學生在虛擬角色設計中的數位素養、創意思維與跨域應用能力。

如前所列之對應表所示，課程活動依據以下階段推進，表3-3 所示，**Engage（引起動機）**以海洋環境變遷、珍稀生物保育與仿生造型範例引發學生關注，透過影片、討論與提問導入虛擬角色創作與永續議題。**Explore（探索觀察）**學生小組蒐集海洋生物資料，進行觀察分析與圖像聯想，並以手繪草圖與Photoshop練習進行初步造型構思。**Explain（知識建構）**課堂講解角色設定與外觀風格關係，輔以Illustrator、VRoid Studio等數位工具訓練，將仿生概念具象化。

Engineer（整合實作）學生發展角色模組與動作設計，結合敘事場景進行跨域創作，並在師徒制協同指導下完成原型製作。**Enrich（深化表現）**強化角色色彩搭配與細節設定，融入美感原則與文化背景，提升設計獨特性與表現力。**Evaluate（評量回饋）**成果展演呈現虛擬角色創作，透過評分、互評與學習歷程反思，檢視學生在創意與技術層面的整體成效。

整體而言，本課程6E學習活動的設計策略，從**科學探究**與**仿生聯想**出發，結合**數位技術實作與創意思維發展**，逐步引導學生完成一項具有**視覺魅力、情感敘事與文化意涵**的虛擬角色創作任務，充分展現STEAM教育在創作導向課程中「做中學、學中創」的實踐精神。

表3-3：運用STEAM-6E於「海洋虛擬角色創作」的對應關係

構面	STEAM知識內涵	STEAM能力指標	6E流程
科學 Science	海洋生物知識與生態特徵	海洋生物知識與生態特徵	Engage從事 Explore探索
科技應用 Technology	數位工具應用（VRoid、Photoshop）	數位工具操作與應用能力	Explain解釋 Engineer工程
工程程序 Engineering	角色建構與動畫動作流程	問題解決與專題設計能力	Engineer工程
藝術美學 Arts	角色造型風格、美感設計與色彩搭配	創意思考與視覺傳達能力	Enrich豐富

構面	STEAM知識內涵	STEAM能力指標	6E流程
數學概念 Mathematics	比例尺、構圖邏輯與空間設計	邏輯推理與創作規劃能力	Evaluate評估

（五）課程設計與規劃

課程設計與規劃如表所示3-4，分為18周來執行。本課程以「海洋虛擬角色創作」為核心主題，結合STEAM教育理念與6E學習循環模式，設計一套融合科學、生態、藝術與數位設計的跨域教學模組。教學設計聚焦於角色動畫與動態捕捉的專業發展，課程目標在於培養學生具備虛擬角色設計、2D角色立繪、3D建模與動態展演的整合能力。

課程以18週為期，依6E教學步驟規劃為「引起（Engage）」、「探索（Explore）」、「解釋（Explain）」、「建構（Engineer）」、「深化（Enrich）」與「評鑑（Evaluate）」等階段，強調從生活經驗與環境觀察出發，鼓勵學生關注海洋生態議題，並轉化為角色設計的靈感與素材。學生透過實地參訪如海洋博物館、潮境智能館等場域，蒐集與理解特定海洋生物特徵，進而發展具故事性與科學脈絡的角色創意。

此外，課程強調團隊協作與創意思維的培養，學生需共同完成從腳本構思、角色設定、原型製作到展演模擬的完整流程。課程最後以跨系聯展、角色直播試演等方式呈現學習成果，不僅驗證學生的技術

應用能力,更強化其創作背後的敘事邏輯與社會關懷視角。

此課程實踐不僅提升學生的數位創作技術與設計素養,也展現了STEAM跨域教學在引導學生關注海洋永續與創造角色文化之間的潛力與可能性。

表 3-4:「海洋虛擬角色創作」之課程設計

課程名稱	角色動畫與動態捕捉 Character Animation and Motion Capture
授課時數	總計_54_小時(_3_小時/週) (實習時數不計入)
授課對象	大學部學生(_三_年級)
教學目標	本課程的教學目標是培養學生在「角色動畫與動態捕捉」領域的專業技能,涵蓋角色形塑、2D角色立繪、3D角色建模以及動態表演。本次課程導入 STEAM-6E 教學法,結合海洋生物的跨域體驗教學,從個人生活觀察出發,激發學生的探索精神與好奇心。 透過跨領域學習,學生得以擴展學習體驗與視野,並將所學應用於實作技術中,培養其成為具備多元虛實整合能力的多媒體創意人才。 課程的教學理念採用 STEAM 結合「跨領域」教學,以「學習者為中心」的教育方式,重視學生獨立思考與創造力的培養。 課程運用 6E 教學模式和專題導向學習(PBL),通過設計實

課程名稱	角色動畫與動態捕捉 Character Animation and Motion Capture
	務專題活動來提升學生的實作技能與學習成效。此外，學生將參與產學計畫提案練習，加強其對實務工作的理解與準備，從而實現課程學習的最大效益。
教學方法	- **問題導入**：教師設計貼近學生經驗的開放性問題，引導學生應用所學進行思考與探索。 - **探索與討論**：學生先進行個人作業練習基礎技能，接著進入小組討論，在教師引導下釐清問題並建立知識。 - **問題解決與表達**：學生提出設計構想並互相討論，針對實作困難提出可行方案，強化表達與評析能力。 - **專題實作**：根據草圖進行角色或作品實作，教師提供範例與建議，學生完成主題創作。 - **深化與提案**：學生模擬業界提案，修正與強化作品內容，完成原創性與完整性的表現設計。 - **評估與回饋**：透過報告、自我與小組互評，以及教師評量，檢視學生學習成果與實作成效。

課程名稱	角色動畫與動態捕捉 Character Animation and Motion Capture		
成績考核方式	• 課堂參與與作業（20%）：學生出席率、課堂互動、小組討論表現與階段性作業完成度。 • 專題實作成果（40%）：依角色設計創意性、造型美感、技術應用與仿生概念轉譯進行評分。 • 成果展演與提案簡報（20%）：小組成果呈現與口頭簡報表現，含敘事邏輯、視覺傳達與回應能力。 • 學習歷程與反思（10%）：學生撰寫學習歷程檔案與創作心得，評估其自我省思與成長軌跡。 • 同儕與教師評分（10%）：綜合小組互評與教師評量結果，檢視合作態度與團隊貢獻度。		
課程進度	週	課程主題	內容【說明】
	01	課程與教學介紹	課程說明：介紹本課程結合STEAM-6E教學實踐計畫的動機、目的與教學活動。說明課程實施、資料蒐集、繪圖實作、角色動畫與動作捕捉技術製作過程，並介紹各項學習活動，如問卷、學習單及評量標準。
	02	角色造型與海洋生物探討(1)	海洋教育與角色設計：引導學生初步探索海洋生物知識，結合角色造型設計。介紹角色動畫設計的發展趨勢與技術，指導學生如何進行資料蒐集、構思與提案，並進行繪圖技術教學。
	03	戶外教學－海科館探訪	實地訪查與資料蒐集：帶領學生參觀海洋科學博物館，蒐集與觀察各類海洋生物的特徵，作為虛擬角色設計的靈感來源。
	04	海洋生物造型聯想(1)	生物造型分析：進行海洋生物造型資料的分析，教授擬人角色設計技巧。學生將進行角色造型的初步草圖練習，結合海洋生物特徵進行創作。

課程名稱		角色動畫與動態捕捉 Character Animation and Motion Capture	
	05	海洋生物造型聯想(2)	草圖設計提案：進一步深化擬人角色設計技巧，指導學生進行草圖修正與提案，並鼓勵學生創新聯想海洋生物造型與角色設計的關聯。
	06	海洋生物造型聯想(3)	提案與反饋：學生進行角色造型草圖的最終修正，並進行小組提案與發表，教師提供個別反饋與指導，協助學生完善設計方案。
	07	期中實作：角色動畫設計提案(1)	設計提案：引導學生從海洋生物的觀察中，發展角色動畫設計。學生需製作角色三視圖、角色設計設定、表情變化、情境圖及初步的分鏡腳本。
	08	期中實作：角色動畫設計提案(2)	提案繼續：學生進一步完善角色設計提案，包括角色的三視圖、人設、表情變化及分鏡腳本，並準備進行期中報告。
	09	期中考周	提案發表與互評：學生進行角色動畫設計提案的發表，教師提供互評檢核表，讓學生對個人與小組表現進行評估，以便了解後續改進的方向。
課程進度	10	動畫動作捕捉	授角色動畫的動作捕捉技術，學生將學習如何使用動捕設備，將角色的動作實現於動畫設計中。
	11	動態影音製作	動態影音製作：教導學生如何將角色動畫的動作與背景音效進行整合，製作完整的動畫短片，進一步提升實作技術。
	12	角色影音整合-期末創作(1)	分鏡腳本企劃提案：學生開始進行期末作品的企劃，撰寫分鏡腳本並進行提案，將海洋生物元素融入角色動畫故事中。
	13	角色影音整合-期末創作(2)	動捕技術應用：學生將整合動作捕捉技術，開始進行角色動畫的製作，並持續修正企劃與分鏡腳本。

課程名稱	角色動畫與動態捕捉 Character Animation and Motion Capture		
	14	角色影音整合-期末創作(3)	動作捕捉技術修正：繼續完善角色動畫的動作捕捉與製作，解決技術問題並進行調整，確保角色動畫動作的流暢度與真實感。
	15	角色影音整合-期末創作(4)	聲音錄製整合：為角色動畫加入配音或音效，學生學習如何將聲音與動畫結合，增強作品的情感表達與視聽效果。
	16	角色影音整合-期末創作(5)	影片剪輯與後製：進行角色動畫的最終剪輯與後期製作，確保作品的完整性與觀賞性，準備參加期末展演。
	17	期末展演	展演籌備：學生進行作品展示的準備工作，安排展演場地、設備與工作人員，製作海報並進行宣傳，準備期末的角色動畫展演。
	18	期末考周	角色動畫展演：與數位媒體與表演藝術系合作進行虛擬角色動畫展演，學生展示期末創作，教師與學生進行共評。優秀作品可參加產學計畫提案及國內外競賽，爭取佳績。

（六）資料蒐集與分析

本研究採用**行動研究法**結合量化與質性資料分析，整體資料蒐集歷程分為三個階段，對應教學實施過程中的不同目標與驗證目的：

1. 教材建構與課程規劃階段

透過**文獻探討**與**案例分析**，蒐集與本研究相關之虛擬角色設計、STEAM 整合教學、6E 學習模式與仿生設計應用等理論依據，並參照國內外大專校院之數位媒體與設計課程案例，以規劃本課程之教學模組、活動流程與評量設計。

2. 教學實施與學習歷程紀錄階段

課程進行期間，運用**協同教學、小組專題與跨領域合作實作**的方式執行，包括理論授課、數位工具操作、角色造型開發、動作捕捉與影片剪輯等教學歷程。學生於課堂中進行分組角色分工並相互協助，以提升創意構思與問題解決能力。此階段同步紀錄學生於**不同 6E 學習流程階段之學習表現與課堂參與歷程**。

3. 教學評估與成效分析階段

課程結束後進行學習成果檢核與回饋修正，資料來源包括：**學習前後問卷調查（量化資料）、學習歷程觀察與訪談（質性資料）、學生創作成果與展演紀錄（文件資料）**，透過這些資料建構學生的創意思維與設計能力變化軌跡，並據以反饋課程規劃與教學策略。

(1) 研究工具

為全面掌握學生學習成效與教學，本研究採用下列三項工具進行資料蒐集：

・**STEAM 跨域實作能力量表**：量表涵蓋「創意構思力」、「跨域設計整

合力」與「問題解決與實作能力」三大指標，作為本研究檢驗學生 STEAM 素養成長的依據。量表經三位設計與教育領域專家審查，具備良好內容效度，Cronbach's α 均大於 .85。
- **課程滿意度問卷**：用以了解學生對教學內容、師資指導、教材實用性與實作活動安排的整體評價，佐證學生學習體驗品質。

(2) 資料分析方法

本研究採用**混合方法（Mixed-Methods）**進行分析，結合量化統計與質性編碼：

- **描述性統計**：用於呈現學生在學習動機與實作能力量表之整體分佈情形。
- **T 檢定**：比較課程前後測在學習成就與創意表現方面之差異，分析 STEAM-6E 導入對學習成效之影響。
- **質性分析（紮根理論）**：編碼與分類學生訪談紀錄與觀察筆記，歸納其對課程內容、創作歷程與設計策略的反饋與感受。

(3) 倫理考量

本研究已通過**校內研究倫理審查委員會（IRB）核准，並取得研究計畫案核可編號。所有參與者於研究前皆簽署書面知情同意書**，研究資料採匿名處理，並遵守個人資料保護與研究倫理準則。研究過程中所蒐集之數據僅供學術研究使用，嚴格限制資料公開範圍，以保障參與者權益與隱私。

小結

本研究以 STEAM-6E 教學模式為核心，於「海洋虛擬角色創作」課程中進行實踐與驗證。從研究設計上，課程整合科學、生態、藝術與數位科技領域，結合角色動畫與 3D 建模之技術訓練，設計出兼具創意發展與跨域學習的教學策略。研究對象選自具有設計背景的高年級學生，以確保其在技能與創意表達上具備基本基礎，進而觀察其在跨域課程中能力提升的歷程。

課程情境以「海洋生態議題」為引導，串聯校內數位設計實驗室與校外如基隆潮境智能海館、海洋博物館等教學場域，營造多元學習體驗環境，激發學生的環境關懷與創意思維。教學實施上，配合 6E 步驟，學生歷經探索、建構、評鑑等循環歷程，從觀察生物特徵出發，發展角色敘事與造型風格，並最終完成具互動性與展示價值的角色原型設計。

課程規劃上亦設計多樣任務節點，包含角色設定書撰寫、2D 立繪草圖、3D 模型建置、場景整合與腳本簡報等，協助學生系統化整合創意發想與技術應用。此外，透過成果簡報與跨系聯展的方式，提供實務發表平台，進一步強化學生在提案、合作與展演方面的綜合能力。

資料分析方面，本研究採用前後測量化問卷、創意自我效能量表、學習成就評量等工具進行配對樣本 t 檢定，佐以質性訪談與學習歷程檔案分析，全面檢視學生於學習成就、創意構思與虛擬實作能力等面向之進步情形。結果顯示，學生不僅在專業技能上有顯著提升，更於跨域整合思維與環境關懷意識方面展現高度成長。

總體而言，海洋虛擬角色課程不僅成功實踐 STEAM-6E 理論，也證明跨域整合與場域學習能有效激發學生的創造力與社會參與感，為未來數位設計與永續教育的融合提供了具體可行的範式。

四、研發成果及學習成效

案例二「海洋虛擬角色創作」的研究成果分析

（一） 前期階段：期中前學生學習歷程

在案例二「海洋虛擬角色創作課程」中，課程前期（第 1 週至第 9 週）以「**STEAM-6E 教學模式**」為核心，結合**海洋教育、仿生設計與數位角色創作**，引導學生透過問題導向與設計任務進行知識建構與創意表達。該階段主要於數位媒體設計系教室進行，以虛擬角色概念訓練與初階繪圖操作為主軸，配合業界案例導入與實地參訪，逐步建構學生的創作歷程。

課程內容設計從「**海洋教育 × 角色設計**」出發，引導學生初步探索**海洋生物的型態特徵、生態習性與文化意涵**，並認識角色動畫設計的基本概念與應用趨勢。教師協助學生蒐集相關圖文資料，搭配技術操作課程，如 Illustrator 與 VRoid Studio 軟體教學，建立其視覺語言與創作基礎。

為深化觀察與靈感建構，第 4 週安排至**國立海洋科技博物館（海科館）進行實地參訪與紀錄活動**。學生依主題小組分工，針對不同類別

之海洋生物（如水母、甲殼類、深海魚、海洋哺乳類等）進行現場拍攝與觀察紀錄，並完成「海洋仿生觀察日誌」，作為後續創作資料基礎。此活動強調**從真實經驗出發的視覺轉譯**，鼓勵學生理解生物造型背後的功能性與美感邏輯。

教室學生上課情景

海洋戶外學生探索

海洋教學與聯想學習

圖 3-6：「海洋虛擬角色創作」前階段上課實作情形

回到教室後，教師進行「**生物造型分析與擬人設計**」專題講授，並指導學生進行草圖發想練習。學生開始嘗試結合海洋生物的結構特徵（如水母的飄逸觸鬚、魚類的流線型體態）與人形設計，初步描繪角色外型與配件設定，過程中搭配角色原型卡（Character Sheet）與情境設定架構，培養其**故事性與角色個性塑造能力**。

擬形象力：STEAM-6E 跨域設計教學實踐

課程進入第 7–8 週時，學生需完成初步「角色草圖提案」，並於小組內發表其設計構想，包括角色名稱、動機、外型特徵、色彩策略與初步情境設定。教師與同儕將提供**形成性回饋與視覺表達建議**，協助學生調整設計並深化概念連結。此階段強調從構想到視覺化表現的初步實踐，培養學生的**提案能力與圖像敘事技巧**。

至第 9 週，學生需整合觀察資料與草圖創作，完成一份初步「**角色設計提案書**」，內容包含角色三視圖（前/側/後視）、表情變化、情境構圖與簡要腳本描述，作為期中成果之呈現依據。

夜奈.露草圖　　　　　　　　　夜奈.露 構想發展

塔啵啵草圖　　　　　　　　　塔啵啵 構想發展

圖 3-7：「海洋虛擬角色創作」草圖到色稿練習

在研究方法實施部分，研究團隊於此階段進行以下資料蒐集：

- **創意思維與 STEAM 跨域實作量表**：記錄學生於角色發想、資料統整與設計應用中的自我效能與策略運用。

- **觀察紀錄與學生訪談**：記錄學生小組討論、作業製作過程中的學習行為與互動模式。

- **草圖設計歷程與提案文件**：作為視覺產出分析依據，用以評估仿生轉譯與敘事設定的創造性與邏輯性。

綜上所述，期中前階段成功引導學生從真實觀察進入角色設計思維建構歷程，並透過工具操作與群體協作，逐步建立其角色開發的設計流程與視覺敘事能力，為期中後階段的角色動作設計與影音生成奠定了重要基礎。此階段成果將作為第二階段深化應用（角色動作建模、影音生成、展演提案）之基礎依據，並可作為未來虛擬設計教育導入 STEAM-6E 架構的教學起點。

例如**圖 7**所示，一位學生以「**深海探索員**」作為虛擬角色的職業設定，其創作靈感來自**水母的半透明構造與流線型觸手特徵**。在造型設計上，學生以**冷色調（藍綠與淡紫）**為主色，應用於髮絲漸層與裙襬延展部分，模擬水母在海中漂浮的動態美感。服飾材質則參考水母柔滑外膜，使用半透明層疊效果處理其披肩與袖飾，營造神秘且輕盈的深海氛圍。

配件設計方面，角色手持**感應式深海筆記儀**，並配有可感測海洋生命體徵的腕部裝置，象徵其科學調查與環境觀測任務。學生說明，其創作概念結合了科學探索與角色故事性，並試圖藉由視覺語彙詮釋對海洋生物的敬畏與保護意識。

圖 3-8：「海洋虛擬角色創作」 前階段小組與討論

在學習歷程記錄中，學生提到在**模擬水母觸鬚飄動感**時遭遇繪製難度，經由參考多則水母影像資料並觀察真實生物動作，逐步完成視覺細節調整。其**學習反思**指出，在造型發想與光影層次處理上有顯著進步，並強調未來將更重視**設計前的資料蒐集與三視圖基礎繪製**，以提升整體效率與準確度。

整體而言，此作品展現學生在仿生概念轉譯與敘事造型發展上的進階掌握，初步具備整合知識與視覺表現的能力，並在跨域教學環境中展現良好的創造潛力與解決問題意識。

01 阪尾黑潮 台灣黑鮪魚 (海洋搜查特派員)	02 塔啵啵 北極海豹 (北極的極地探險家)	03 輝彌星澄 星斑鰩 (海洋直播主)	04 妮可 小飛象章魚 (遊戲實況主)	05AWA 鯊魚 (遊戲實況主)
06 夜奈.露 夜光遊水母 (深海博士研究員)	07 半月 泰國-半月鬥魚 (水族箱工作人員)	08 瑟菲莉亞 南極企鵝 (量子研究員)	09 鮑姆 北極海豹 (海洋商人)	10 幽璃澪 紫紋海刺水母 (海洋直播主)

圖 3-9：「海洋虛擬角色創作」前階段小組作業

（二）後期階段：期中後學生跨域實作學習

1.課程實施學生學習情形

進入課程第二階段（第 10 週至第 18 週），教學重點轉向**跨域技術整合與數位創作實作**，聚焦於角色動畫動作設計、動態影音整合與展演作品製作。此階段由動畫業師與 VTuber 動補專家協同授課，強化學生在**技術應用、敘事執行與團隊協作**方面的能力，並透過階段性成果審查與提案機制，提升學生的專案規劃與實務製作歷練。

學生以小組形式進行角色動畫設計初步提案發表，內容涵蓋角色背景設定、故事主題構想與初步視覺設計。教師提供**互評檢核表**，讓學生彼此評估提案的創新性、完整度與表達邏輯，同時進行自我與小組反思，釐清後續修改與補強方向。此階段著重於**形成性評量**，建立同儕回饋機制與修正循環。

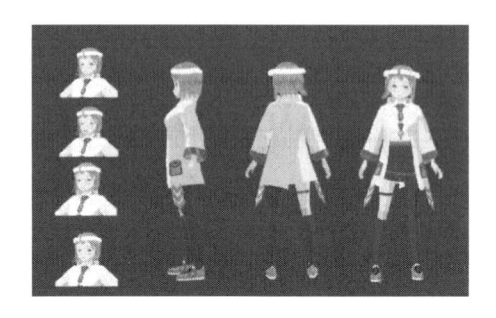

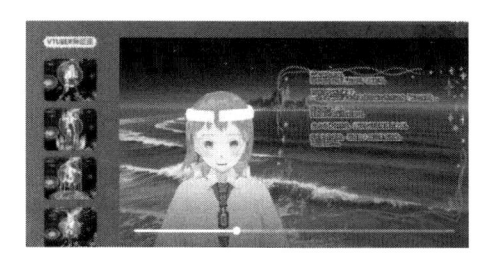

圖 3-10：「海洋虛擬角色創作」後階段學生深化報告內容

課程進入角色動畫製作核心訓練，教師指導學生操作**動作設計軟體**（如 Live2D、VRoid + Unity）、**音效處理與時間軸整合工具**，學習將角色動態、場景與聲音整合為完整動畫短片。此單元強調數位媒體實作技能，並引導學生掌握影音製作中的技術與美感平衡。

　　進入課程第二階段（第 10 週至第 18 週），教學重點轉向**跨域技術整合與數位創作實作**，聚焦於角色動畫動作設計、動態影音整合與展演作品製作。此階段由動畫業師與 VTuber 動補專家協同授課，強化學生在**技術應用、敘事執行與團隊協作**方面的能力，並透過階段性成果審查與提案機制，提升學生的專案規劃與實務製作歷練。

　　學生以小組形式進行角色動畫設計初步提案發表，內容涵蓋角色背景設定、故事主題構想與初步視覺設計。教師提供**互評檢核表**，讓學生彼此評估提案的創新性、完整度與表達邏輯，同時進行自我與小組反思，釐清後續修改與補強方向。此階段著重於**形成性評量**，建立同儕回饋機制與修正循環。

圖 3-11：「海洋虛擬角色創作」後期上課情形

如圖 3-11，學生依據動畫提案內容，進行**分鏡腳本撰寫與動畫節奏規劃**，課程指導重點放在影像敘事邏輯、鏡位編排與情感節奏的設計。學生須將海洋生物元素融入故事情節中，並結合早期角色設定強化其世界觀與互動情境。教師協助學生將設計思維進一步轉化為可執行的動畫製作計畫。

此階段進入**角色動畫製作實作期**，學生進入本系「VTuber 動補教室」使用動作捕捉設備，進行角色演出與姿態輸出操作。透過教師與業師的同步協助，學生將完成角色基本動畫的骨架套用、動態調整與素材整合，並持續修正動畫場景與敘事節奏。此單元是課程中技術應用與跨域整合的關鍵階段。

學生進行角色動畫的**聲音設計與配音錄製**，包含角色對話、環境音與背景音樂的搭配。課程提供錄音室資源與配音教學，使學生掌握**動畫視聽語言中的情感傳達技術**。此階段強調聲畫同步與氛圍營造的整合能力。

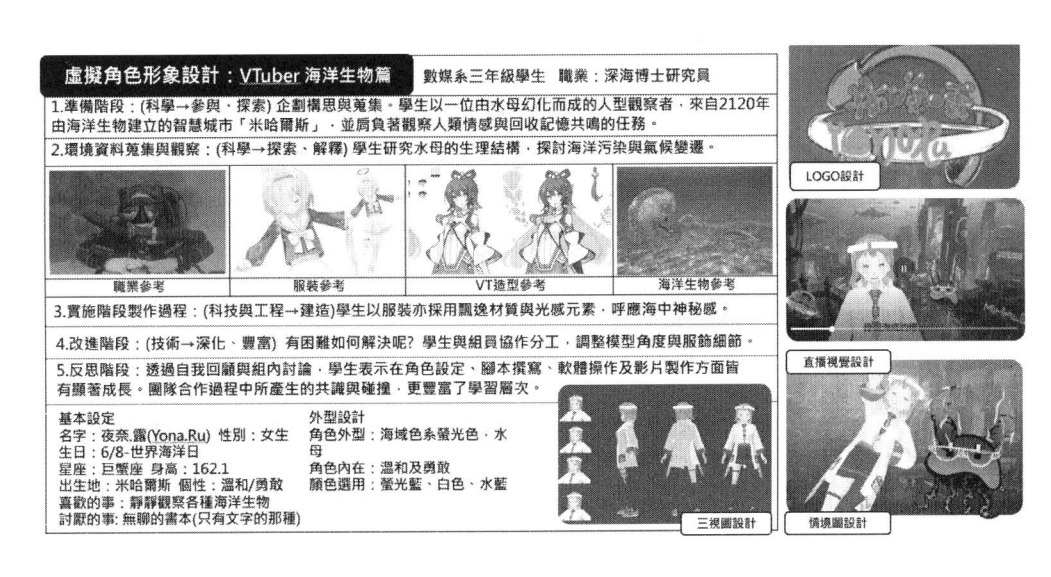

圖 3-12:「海洋虛擬角色創作」後期成果樣本，s06 夜奈.露

圖 3-12、3-13 所示，學生進行動畫影片的最終剪輯與後期製作，包括**畫面轉場、字幕合成、音效修整與視覺強化處理**，完成具備觀賞性與完整性的創作作品。課程尾聲規劃舉辦「**期末動畫創作展演**」，讓學生以小組形式發表最終成果，展現其從海洋生物觀察、角色創作到動畫製作的整合學習歷程。

圖 3-13:「海洋虛擬角色創作」後期之成果展演

（三）就 STEAM 教學導入分析

　　本報告整合科學、科技、工程、藝術與數學等 STEAM 向度學習成效問卷結果。透過前後測比較與配對樣本 t 檢定，分析學生在各構面學習成果與進步情形。如表 3-5 所示。

表 3-5：「海洋虛擬角色創作」之 STEAM 跨域實作調查統計

調查項目	前測平均	後測平均	前測標準差	後測標準差	t 值	p 值(雙尾)
科學 Science						
1.我能理解與我的創作相關的科學概念（如海洋生物、生態關係）。	3.36	4.01	0.35	0.32	4.33	0.001*
2.我能根據科學原則解釋我的設計選擇（如仿生特徵來源）。	3.07	4.12	0.35	0.32	7.0	0.001*
3.我能在創作過程中考量自然環境或科學事實的限制。	2.99	4.21	0.35	0.32	8.13	0.001*
科技 Technology						
4. 我能熟練操作數位工具（如 Photoshop、VRoid、3D 建模軟體）進行創作。	3.15	4.42	0.35	0.32	8.47	0.001*
5. 我能運用適合的技術資源支援我的角色設計與展演。	3.18	4.32	0.35	0.32	7.6	0.001*
6. 遇到技術問題時，我能尋找解決方法並成功克服。	3.22	4.25	0.35	0.32	6.87	0.001*
工程 Engineering						

調查項目	前測平均	後測平均	前測標準差	後測標準差	t 值	p 值（雙尾）
7. 我能將創意想法具體轉化為結構明確的作品計畫。	3.21	4.35	0.35	0.32	7.6	0.001*
8. 我能調整設計過程以解決角色實作中的問題。	3.25	4.25	0.35	0.32	6.67	0.001*
9. 我的作品經過反覆測試與修正，符合預期功能與表現。	3.05	4.15	0.35	0.32	7.33	0.001*
藝術 Arts						
10.我的作品具有創意性與獨特風格。	3.21	4.51	0.35	0.32	8.67	0.001*
11. 我能運用美學原則（色彩搭配、造型構圖）強化角色設計。	3.25	4.45	0.35	0.32	8.0	0.001*
12.我的設計能有效傳達主題與角色故事。	3.05	4.42	0.35	0.32	9.13	0.001*
數學 Mathematics						
13. 我能在創作中應用基礎數學概念（如比例、對稱、座標）輔助設計。	3.21	3.61	0.35	0.32	2.67	0.001*
14.我能精準設定角色比例與動作節奏。	3.25	3.72	0.35	0.32	3.13	0.001*
15. 我理解並運用數值分析工具（如動畫節點調控、坐標系）優化設計。	3.05	3.85	0.35	0.32	5.33	0.001*

附註：*$p < 0.1$、**$p < 0.05$、***$p < 0.01$

如表 3-4，結果顯示在 STEAM 五個構面三個題項中，皆有顯著的成長（$p < 0.05$），代表透過 STEAM 教學課程實施，能顯著提升學生在虛擬角色創作中的實作能力與轉譯應用技巧。

在本研究中，針對「海洋虛擬角色創作」課程導入 STEAM 教學理念，採用前後測問卷進行統計分析，涵蓋 **科學（Science）、科技（Technology）、工程（Engineering）、藝術（Arts）、數學（Mathematics）** 五大向度，共 15 題。所有向度的各項指標皆呈現出顯著提升，具體說明如下：

- **所有題項之 p 值皆達到顯著水準（$p < 0.001$）**，代表 STEAM 教學實施對學生的學習成效具有高度正向影響。
- **在「科技」與「藝術」構面尤為突出**，如學生在「能熟練操作數位工具」與「作品具有創意性與獨特風格」項目上的後測平均分數達到 **4.42** 與 **4.51**，顯示其技術應用與創意思維大幅提升。
- **數學構面雖相對提升幅度較小（平均約 3.4 左右），但 t 值與 p 值依然顯示有統計上的顯著進步**，顯示學生在掌握比例、動畫節奏與坐標運算等方面亦有正向成長。

（四）就 6E 模式導入分析

圖 3-14、3-15 所示，首先**學習動機激發與議題導入**，在課程初期的議題導入階段，教師透過「海洋資源枯竭與高經濟價值物種危機」的案例，引導學生認識海洋保育的重要。學生選擇「鮪魚」為創作主

題,因其在台灣沿岸具有文化與生態價值,且因過度捕撈而瀕臨減少。學生表示,這個主題讓他們「開始思考角色不只是好看,更能引導人去關注海洋議題」。

接續探索與觀察,學生進一步蒐集海豹的實地資料與文獻圖像,透過參訪海科館、觀察其**殼紋構造、呼吸孔排列與棲息環境**。此階段也進行「圖像聯想練習」,學生描繪海豹的殼紋轉化為**角色披風樣式與面罩紋理**,並在討論中發現其低調外表卻具有堅硬保護的特性,可轉化為角色的「守護者」職能象徵。

進入設計階段,就是**知識內化與工具學習,**學生透過教師講授學習**角色設定邏輯、色彩策略與擬人化技巧,**並操作 Illustrator 與 VRoid Studio,將「海豹角色」從手繪草圖數位化。角色設定為「海底資源保護員」,衣著色調以珍珠灰與深海藍為主,殼紋融入披風與胸甲設計中。學生表示:「以前做角色常是隨意想像,這次從資料與邏輯轉換,感覺更有根據。」

在創作實作與問題解決中,在角色建模與動作模擬階段,學生運用 VRoid 與 Unity,建立角色的完整模型,設計包含「淨化波」等技能動作。過程中需克服殼紋建模難度與配件重疊問題,學生表示:「剛開始在 3D 空間裡殼的紋理重疊感很難做,但透過反覆測試與導師的回饋,終於抓到細節比例與動畫節奏。」

從作品中進行美感深化與創意表達,角色造型進入精修階段,學生加強細節:如呼吸孔作為頭飾排孔設計、殼的光澤反射應用在視覺

特效,並編寫角色背景故事:海鮑守護者擁有「感知海洋溫度變化」的能力,象徵對氣候變遷的敏感感知。學生表示:「以前想不到可以從生物感知延伸角色技能,這次讓我重新認識自然設計的可能性。」

最後,成果檢核與學習反思,在成果展演中,學生以動畫短片與角色設定企劃進行發表,經由教師評量與同儕回饋進行修正與自我檢視。其學習歷程反思中提到:

「這次角色創作不像以前只是畫圖,反而讓我從系統性步驟學會如何**觀察自然、轉換資訊並創造出有意義的造型**。原來角色創作也可以是討論地球問題的方式。(S015)」「從探索海豹的外型與生態,我開始思考如果人們繼續過度開發,我的角色可能就不再存在,這種角色設定讓我更投入,也讓我想成為能做出影響的設計師。(S008)」專家評圖時一致給予高度評價,學生能從概念建構、風格研究到實作落實,體現完整的創意設計歷程,顯著提升其跨域整合與創新實踐能力。

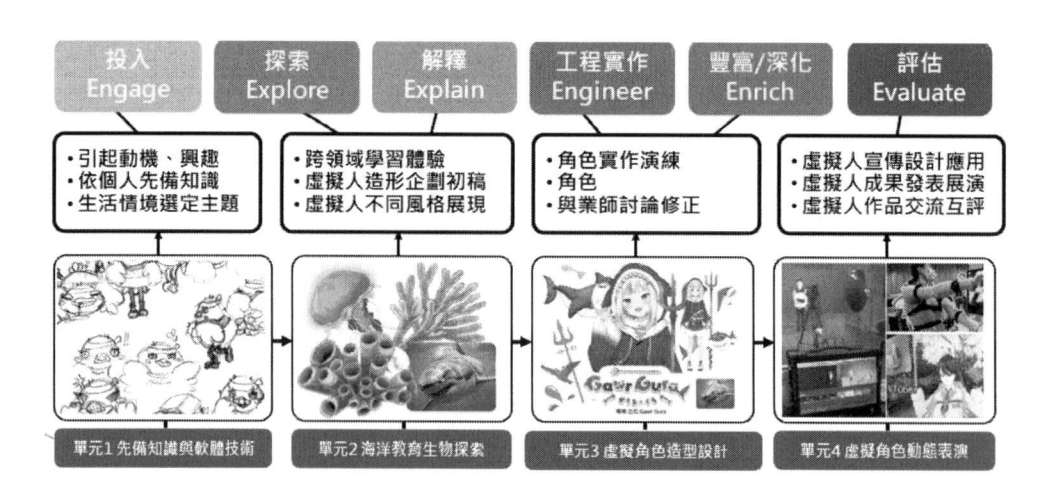

圖 3-14::6E 導入「海洋虛擬角色創作」學習之過程

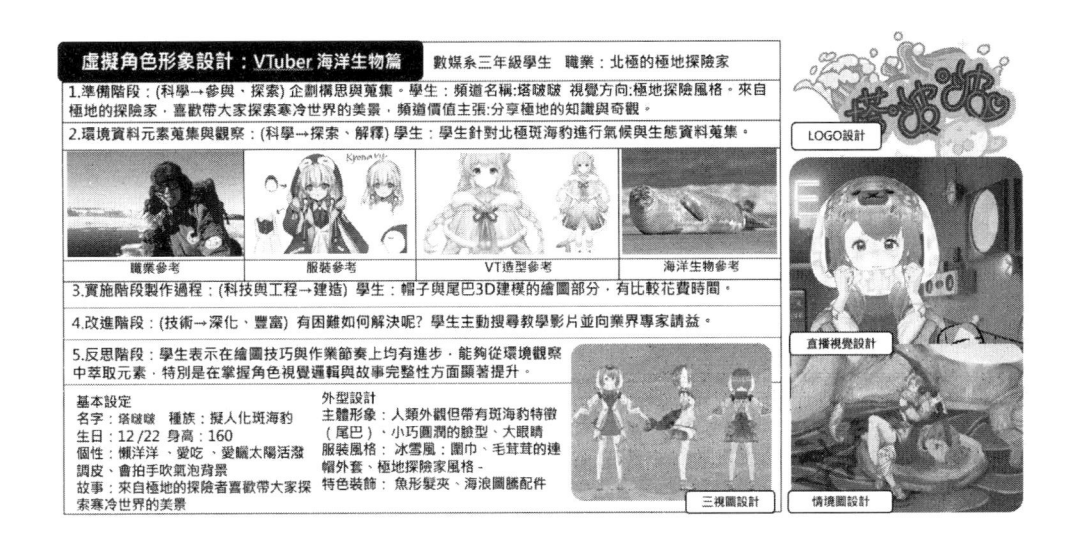

圖 3-15：「海洋虛擬角色創作」後期之成果 s02 海豹

（五） 學生作品討論分析

在本課程「海洋虛擬角色創作」的實作歷程中，學生作品如圖 3-16，阪尾黑潮（01 海洋搜查特派員台灣黑鮪魚）、塔啵啵北極 （02 北極探險家海豹)、輝彌星澄 (03 海洋直播主星斑鰩）、妮可（04 遊戲實況主小飛象章魚）、05AWA（05 遊戲實況主鯊魚）、夜奈.露（06 深海博士研究員夜光遊水母）、半月（07 水族箱工作員鬥魚）、瑟菲莉亞(08 量子研究員南極企鵝）、鮑姆（09 海洋商人北極海豹）、幽璃澪（10 直播主紫紋海刺水母）等 10 組。下面進行造型、動畫與影片之討論分析。

圖 3-16，阪尾黑潮，在「海洋虛擬角色創作」課程的實作歷程中，學生們以海洋保育為核心議題，發想並設計出如圖所示的角色——阪尾黑潮（01 海洋搜查特派員台灣黑鮪魚）。學生以台灣周邊海域盛產且

具經濟價值的黑鮪魚為靈感，思考其因過度捕撈而面臨瀕危的現況。透過角色設定與故事情境，學生們呼應保育與永續漁業的重要，強調適度捕撈與資源管理，期望以作品喚起大眾對海洋永續的關注。

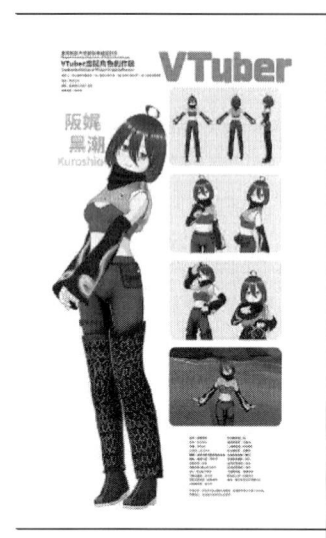 01 阪尾黑潮	 02 塔啵啵	 03 輝彌星澄
台灣黑鮪魚(海洋特派員)	北極海豹(北極探險家)	星斑鰩(海洋直播主)

圖 3-16：海洋虛擬角色創作」A

圖 3-16，塔啵啵是一位來自北極的探險家，性格懶洋洋、愛吃、愛曬太陽，活潑又調皮，時常拍手和吹氣泡。角色外觀以人類為主，融合斑海豹的特徵，擁有圓潤可愛的臉型、大眼睛和海豹尾巴。服裝採冰雪風格，穿著毛茸茸的連帽外套和圍巾，展現極地探險家的形象，並配有魚形髮夾與海浪圖騰配件。塔啵啵喜歡帶領大家一起探索寒冷世界的美景，傳遞對極地生態的關注與熱情。

 04 妮可	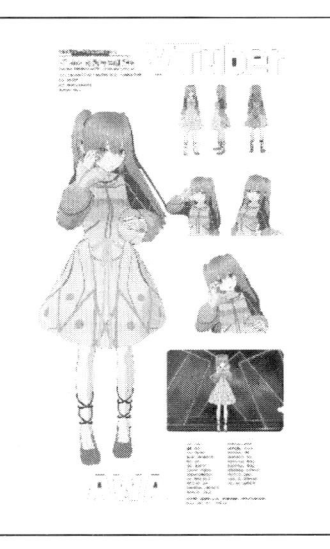 05 AWA	 06 夜奈.露
小飛象章魚(遊戲實況主)	鯊魚(遊戲實況主)	夜光遊水母(深海博士研究員)

圖 3-17：海洋虛擬角色創作」B

圖 3-17，妮可是 22 歲的遊戲實況主，學生構想角色外表可愛活潑，卻自稱是來自深海的小飛象章魚。這種反差萌成為她的最大特色——每天面對鏡頭，分享對人類世界的觀察和幽默吐槽，也時常流露出對自身虛擬身份的迷惘與自豪。妮可的形象以小飛象章魚為靈感，象徵渴望自由飛翔、同時柔軟脆弱的個性。她佩戴電競耳機，結合實況主的虛擬設定，展現虛實交融的風格。造型以粉色和黃色為主色調，營造出俏皮、親近又帶點傲嬌的氛圍，完美呼應角色在網路世界中的魅力。

07 半月	08 瑟菲莉亞
鬥魚(水族箱工作員)	南極企鵝(量子研究員)

圖 3-18：「海洋虛擬角色創作」C

　　圖 3-18，虛擬角色半月，來自泰國的 22 歲虛擬主播，生日 8/15，身高 160 公分。她個性好鬥潑辣，鬼畜系風格鮮明，時常在直播中瘋狂搞怪，像小丑般帶來驚喜表演，甚至語出驚人。外型特色是 180 度展開的尾巴，如半月般優雅，一身紅色衣裙，紅髮、粉色鱗片與藍色瞳孔，辨識度高。半月的粉絲稱為「魚飼料」，直播與二創標籤分別為#魚缸大甩賣和#小丑鬥魚二創。她最愛紅色，興趣是乞討和賺錢，擅長打架，討厭蠢貨。夢想是能自由自在地吃喝拉撒，並尊敬珍珠美人魚。

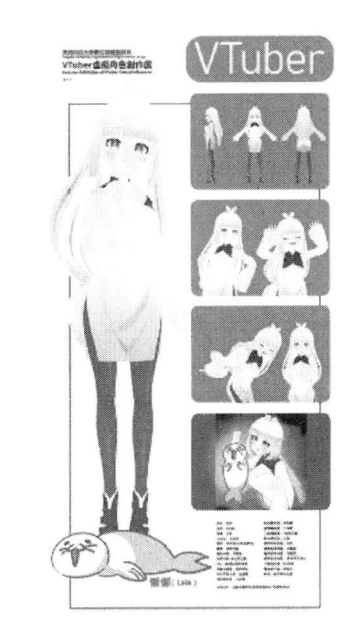

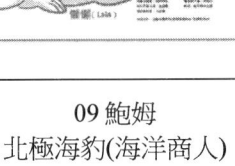

09 鮑姆	10 幽璃澪
北極海豹(海洋商人)	紫紋海刺水母(直播主)

圖 3-19：「海洋虛擬角色創作」D

　　圖 3-19，幽璃澪，來自深海城的虛擬角色，生日 6/20，身高 177 公分。設計靈感源自紫紋海刺水母，將其傘狀體轉化為肩甲，兼具保護性與流動感，髮型與服裝細節也融入水母的柔軟與優雅。幽璃澪平時天然呆、不愛正經，喜歡泡茶品茗，討厭喝到難喝的茶。個性夢幻、淡定，擅長展現優雅姿態，卻不擅長耐心細活。粉絲稱號「歸剛ㄟ」，以水母為粉絲圖標。偏愛紫色，音樂品味多元，熱愛 jpop、kpop 及 uspop。幽璃澪最大的夢想，就是能無憂無慮地沉浸於夢境之中。

　　這組虛擬角色造型設計充分展現了跨域融合的創意精神。每個角

色都從特定海洋生物中擷取靈感，如黑鮪魚、斑海豹、小飛象章魚、鬥魚與紫紋海刺水母，結合其獨特的生物特徵與故事設定，打造出兼具辨識度與趣味性的形象。設計過程中，巧妙運用動物的外型語彙轉化為服裝、配件及表情細節，並融入 VTuber、遊戲實況等當代元素，使角色不僅貼近年輕族群的審美，也傳遞海洋永續、生態保育等議題。這些角色展現出設計者對生物觀察力及故事敘述力的深厚功底，為虛擬角色設計注入新意。

1.虛擬角色造型分析

教學課程上，請各組蒐集海洋生物資料並進行重新詮釋轉化，以阪尾黑潮（01 海洋搜查特派員台灣黑鮪魚）為案例，學生以台灣海域周邊重要**經濟魚種—**黑鮪魚（Bluefin Tuna）****作為角色發想原型，並結合海洋保育與永續漁業議題進行角色設定與創作延伸。透過對瀕危魚種的探討，學生理解黑鮪魚因過度捕撈所面臨的生存危機，並反思人類活動對海洋生態造成的衝擊。在角色創造的過程中，學生不僅蒐集相關生態資料，還試圖將這些議題轉化為具象的角色能力與故事元素，賦予創作更深層的意義。

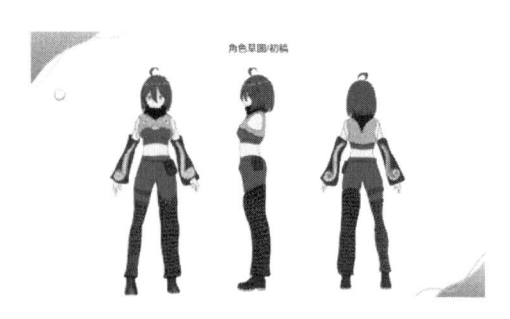

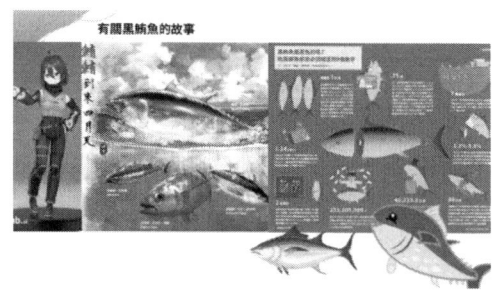

圖 3-21：「海洋虛擬角色創作」後期成果樣本，s01 阪尾黑潮

　　如圖 3-20，本角色設定為來自「**深藍學院 北太平洋分部**」的**特異現象搜查員**，專責處理與調查海中因人類活動所引發的異常現象與災難。他擁有「高速衝刺」與「生態感知」兩項能力，能即時穿梭於深海中偵測環境變化並解決危機。

　　造型上，學生以黑鮪魚的**流線型體態與尾鰭特徵**作為基礎，轉化為角色的動力裝備與服裝設計細節。主色調為**深藍與銀灰**，輔以藍 S 光效果營造科技感與深海氛圍。其服裝設計參考深海潛水裝備並加入任務搜查風格，整體視覺融合了未來感與自然感。道具設定上，角色配備「海流追蹤器」與「感測眼鏡」，象徵其調查與保育的任務角色。

2.虛擬角色影音宣傳(直播影片分析)

　　以案例：「塔啵啵」—北極探險家為例，如圖 3-21 創作背景與角色設計脈絡來說，「塔啵啵」作為一名來自極地世界的探險家虛擬角色，

其設計融合了海洋環境議題、北極生物特徵與敘事設定。角色設定中融合了**擬人化斑海豹**的視覺形象與探索精神,具備明確的頻道定位與文化價值訴求:**推廣極地知識與氣候議題的科普內容**。

角色個性設定如「懶洋洋、活潑、調皮」,以及外觀如「魚形髮夾」、「冰雪風連帽外套」與「尾巴」等細節,均提升觀眾的角色辨識度與情感共鳴。這些元素為後續影片風格與主題鋪墊下了良好的基礎。

(1) 動畫舞蹈段落製作(角色表演)

學生以 3D 建模完成角色造型後,進行**虛擬跳舞演出**的設計。此階段著重於:**肢體動作與表情的設計合理性**:透過動畫軟體設定舞蹈節奏與身體動態(如拍手、轉圈、吹氣泡等),展現角色個性。

配樂與節奏匹配:選用輕快、富北極氛圍感的音樂,搭配角色動作剪輯節奏,強化觀眾沉浸感。此部分除了提升學生的**媒體編導能力**,也加深了其對**角色個性轉化為動態語言**的掌握力。部分學生反映「**在設定角色跳躍與吹氣泡的特效時,需要重複調整節奏與渲染細節**」,這實際磨練了視覺敘事的節奏掌控能力。

(2) 影音剪輯與敘事節奏設計

學生在後期剪輯階段,**鏡位安排與視角變換來說**,剪輯中使用特寫(角色表情)、全景(北極背景)、特效字幕(角色對話)等,模擬真實 Vtuber 節目編排。**角色語音搭配與字幕同步**,可結合文字敘事與動畫演出,使角色與觀眾間的互動更生動。影片開頭與結尾設計上,如加入頻道開場 Logo 動畫、「感謝觀看」等結尾設計,體現角色風格。

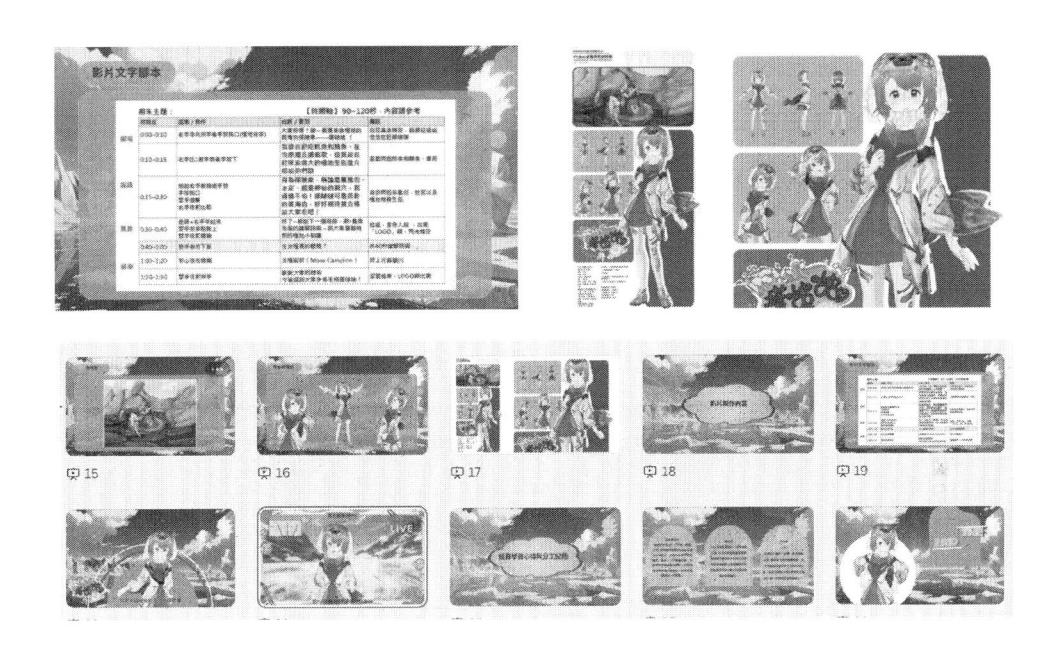

圖 3-21：「海洋虛擬角色創作」後期之影音成果 s02 塔啵啵

　　透過這些製作歷程，學生練習了**數位影像語言與角色互動敘事設計**，部分組別也嘗試了**直播模擬演出**，透過 OBS 軟體進行串流模擬，訓練直播時的畫面切換與互動呈現。

(3) 教學效益與影音成果回饋

　　根據學生作品與反思，角色影音企劃的實作歷程具有以下教學意義：**結合 STEAM 多面向能力**：從科學探索（北極生態）、工程建模（3D 建構）、藝術設計（視覺造型）、技術應用（剪輯與跳舞設計）到數位媒體敘事（直播模擬），形成一個橫跨多學科的學習整合體。

培養學生媒體表達與角色經營的能力：學生開始理解如何透過一支影片「說一個角色的故事」，如何在有限時間內展現角色個性與風格。**強化團隊合作與問題解決能力**：如角色跳舞姿態設定、3D 建模細節過於繁複時，學生需透過查找教學影片、請教教師或互助方式解決，落實 6E 教學法中「Engineer」與「Enrich」的實踐精神。

塔啵啵影片製作之學習價值，整體而言，「塔啵啵」的角色影音專案展現出學生**從概念、設計、實作到媒體表達的完整創作歷程**。跳舞段落的呈現不僅體現角色形象與性格，更展現出學生對於**角色動態設計與數位影音傳達的掌握度**。這不僅是一個單純的角色設計練習，更是一場**從角色生命到觀眾互動的跨媒體實驗**，成功培養了學生在未來數位內容創作與虛擬品牌經營領域的實務能力。

（六）學習成就與創意自我效能分析

1.學習成效之討論

為驗證本研究所提出之三項假說，研究團隊針對學生進行前後測資料的配對比對與統計分析，評估其在**學習成就、創意構思**與**創意實作能力**等面向的表現變化情形，如表 3-6。本研究共回收有效樣本 N = 34，分析資料來源包含：(1) 學習成就測驗、(2) STEAM 實作能力量表，及(3) 創意自我效能量表（分為創意思考與創意實作構面）。上述量化資料皆進行**配對樣本 t 檢定（Paired Sample t-test）**，用以比較學生在教學介入前後的各構面平均得分差異。檢定結果顯示：

- **學習成就**在前後測之平均得分差異達顯著水準（p < .01），表示學生在虛擬角色課程中的認知與技能理解明顯提升，支持 H1 假說；

- **創意構思能力**亦顯著提升（p < .01），顯示學生在設計過程中展現更高層次的創新聯想與表現能力，驗證 H2；

- **創意實作能力**在課程後測中有顯著進步（p < .01），學生在數位工具操作、角色呈現與故事轉化等方面展現更成熟的能力，符合 H3。

整體而言，教學介入成效顯著，顯示本研究設計之 **STEAM-6E 跨域教學模式**，在培養學生虛擬角色創作能力方面具正向效果，並可作為未來技職教育與數位媒體課程規劃的重要參考依據。

表 3-6：「海洋虛擬角色創作」之學習成效與創意實作調查統計

構面/調查項目	前測平均	前測標準差	後測平均	後測標準差	t 值	p 值（雙尾）
A 學習成就						
A1 我能掌握虛擬角色設計的基本原則。	3.69	0.59	4.01	0.61	-3.47	0.002*
A2 我能解釋虛擬角色在不同媒體應用中的功能與特性。	3.36	0.57	3.93	0.54	-5.09	0.001**
A3 我能分析海洋生物特徵，並應用於角色造型設計。	3.61	0.61	4.02	0.58	-4.02	0.001*
A4 我能比較並評估不同風格角色設計的差異與優缺點。	3.79	0.63	4.27	0.65	-4.76	0.001**
B 創意思考						

構面/調查項目	前測平均	前測標準差	後測平均	後測標準差	t值	p值（雙尾）
B1 我能產出多種不同風格的角色創意構想。	3.83	0.33	4.37	0.31	5.22	0.001*
B2 我能從海洋議題中聯想到新穎的角色設計元素。	3.48	0.29	4.02	0.34	4.88	0.001*
B3 當遇到設計困難時，我能想出替代方案來解決問題。	3.22	0.28	4.32	0.27	14.69	0.001*
B4 我常從與眾不同的角度思考角色造型與故事背景。	3.0	0.32	4.3	0.39	10.14	0.001*
C 創意實作						
C1 我能掌握虛擬角色設計的基本原則。	3.36	0.4	4.34	0.42	7.7	0.001*
C2 我能解釋虛擬角色在不同媒體應用中的功能與特性。	3.07	0.47	4.52	0.39	10.02	0.001*
C3 我能分析海洋生物特徵，並應用於角色造型設計。	2.99	0.42	4.06	0.3	9.99	0.001*
C4 我能比較並評估不同風格角色設計的差異與優缺點。	3.24	0.34	3.88	0.28	5.87	0.001*

附註：*$p < 0.1$、**$p < 0.05$、***$p < 0.01$

2. 學習成效之分析

本研究之問卷與量表，皆依據相關理論設計，並經專家審查修訂，具備良好**內容效度**。題項設計對應課程目標與學生學習歷程，符合建

構效度原則。量表語意清楚,學生能理解並據實作答,展現**表面效度**。整體工具能有效反映教學成效與學生學習表現。

本研究針對本系 34 位學生進行前後測學習成效調查,受測者中男性 20 位（58.8%）、女性 14 位（41.2%）,全數具備數位設計基礎能力。為確保問卷量表具備良好信度,本研究使用 SPSS 23 進行信度分析,針對「學習成就」、「創意思考」與「創意實作」等構面進行心理測量檢驗。透過多變量變異數分析（MANOVA）,探討 STEAM-6E 跨域教學對學習成效的整體影響,結果顯示學生在各項指標上皆呈現明顯進步（見表 3-7）:

表 3-7：學習成效與創意實作-教學施行前、後之學習成效

項目		平均值	標準差(SD)
學習成就	施行前測	72.5	8.4
	施行後測	85.8	7.1
創意思考	施行前測	3.2	0.6
	施行後測	4.1	0.5
創意實作	施行前測	3.0	0.5
	施行後	4.0	0.4

就「學習成就」前測:$M = 72.5$,$SD = 8.4$、後測:$M = 85.8$,$SD = 7.1$;「創意思考」前測:$M = 3.2$,$SD = 0.6$、後測:$M = 4.1$,$SD = 0.5$;「創意實作」前測:$M = 3.2$,$SD = 0.6$、後測:$M = 4.1$,$SD = 0.5$。差異提升幅度上,就「學習成就」+13.3、「創意思考」+0.9、「創意實作」+1.0,

就 **學習成就提升（對應 H1）來說**，施行後學習成就平均分數顯著上升（+13.3 分），顯示學生透過 STEAM-6E 模式學習虛擬角色設計理論與實務操作，能有效強化其數位創作能力、工具應用與課題理解，進而在學科表現上獲得實質成長。

創意思考能力強化（對應 H2）上，學生在創意思考方面的表現由 3.2 提升至 4.1（Likert 五點量表），代表透過資料蒐集、角色設定與視覺轉譯練習，學生能從仿生視角開展概念構思，培養多元發想與敘事能力，展現高度的創意發想潛力。

創意實作技能提升（對應 H3），從實作面來看，學生在角色造型製作、VTuber 動作捕捉與影音整合等技術面均有進步，量表得分提升至 4.0，顯示其能將創意思維轉化為具體作品，且具備數位工具操作與風格化表現的綜合能力。

整體三項指標的平均值從前測 26.23 提升至後測 31.3，表現出整體學習效益向上，且標準差數值略為下降（從 3.17 降至 2.67），表示學生學習成果趨於一致、個別差異縮小，**教學模式穩定有效**。

（七） 課程滿意度分析

為瞭解學生對本課程整體學習經驗之評價，本研究設計課程滿意度問卷，包含四大構面：教師教學、課程教材、專業知識與專業態度。問卷結果如表 3-8 所示，整體滿意度均達高水準，顯示學生對課程接受度良好。在四大構面中，學生對「專業知識」的學習給予最高評價（M

= 4.434, SD = 0.645），顯示學生對於課程所提供的知識內容具有高度認同感與學習動機。相較之下，「課程教材」構面評價相對較低（M = 4.158, SD = 0.756），可能反映教材編排或內容傳遞上仍有優化空間。進一步分析各構面指標可發現：

教師教學構面上，學生對教師教學能力的評價在課程後有顯著提升，包含教師能「清楚說明課程內容與學習目標」的後測平均達 **4.01**，較前測 **3.36** 顯著進步。此外，教師能「激發學習動機與興趣」與「善於引導實作問題」也顯著提高，顯示學生對教師教學引導與互動回饋的滿意度提升明確。

課程教材構面，此構面後測平均全數提升至 **4.12~4.32**，其中「教材結合海洋教育與虛擬角色設計具啟發性」獲得 **4.32** 的高分，顯示教材的創新性與跨域整合受到學生肯定。教材易於取得與操作亦提升，代表學習資源支援性強，學生感受友善。

專業知識構面，學生自評在專業知識方面理解顯著提升，特別是「對 STEAM 跨域整合應用的認識」從 **2.89** 成長至 **4.32**，為該構面最大增幅；而「對數位設計發展的幫助」與「角色創作邏輯建立」亦獲正向評價，說明學生透過課程建立了明確的專業輪廓。

教學態度構面，學生對教師在教學過程中的態度也給予極高評價，如「教師尊重學生創意」與「展現熱忱與責任感」皆高達 **4.32~4.40**。特別是在「提供具體改善建議與激勵」方面表現良好，突顯教師對學生學習過程的積極介入與支持。

整體而言，各構面後測皆高於前測，顯示課程設計與教學執行廣

獲學生肯定。其中以「教學態度」與「課程教材」提升最顯著，驗證本研究中所導入的 STEAM-6E 教學模式能有效提升學生的課程體驗與專業認同。

表 3-8：「海洋虛擬角色創作」課程滿意度分析表

調查項目	前測平均	前測標準差	後測平均	後測標準差	t 值	p 值(雙尾)
教師教學						
A1 教師能清楚說明課程內容與學習目標。	3.36	0.59	4.01	0.74	4.73	0.0*
A2 教師提供充分的學習指導與反饋。	3.07	0.57	4.12	0.69	5.68	0.0*
A3 教師能激發我的學習動機與興趣。	2.99	0.61	4.21	0.75	7.33	0.0*
A4 教師善於引導我們解決實作過程中的問題。	3.07	0.63	4.12	0.86	5.58	0.0*
課程教材						
B1 課程教材內容豐富且實用，有助於理解課程主題。	3.12	0.71	4.12	0.8	5.54	0.0*
B2 教材結合海洋教育與虛擬角色設計具啟發性。	3.15	0.65	4.32	0.75	7.35	0.0*
B3 數位教材與學習資源易於取得與操作。	3.01	0.65	4.25	0.82	7.56	0.0*

調查項目	前測平均	前測標準差	後測平均	後測標準差	t 值	p 值 (雙尾)
B4 教材安排與課程進度搭配得當。	3.13	0.76	4.22	0.86	6.11	0.0*
專業知識						
C1 本課程提升我對虛擬角色創作的專業理解。	3.01	0.65	4.11	0.72	6.47	0.0*
C2 我對於 STEAM 跨域整合的應用知識有更深入的認識。	2.89	0.62	4.32	0.78	8.12	0.0*
C3 課程內容有助於我未來在數位設計領域的發展。	3.12	0.7	4.25	0.73	6.87	0.0*
C4 課程有助於建立角色創作的邏輯與流程。	3.07	0.68	4.22	0.82	6.75	0.0*
專業態度						
D1 教師對學生有耐心並樂於解答問題。	3.36	0.75	4.25	0.85	5.15	0.0*
D2 教師尊重每位學生的創意與想法。	3.12	0.68	4.32	0.72	7.55	0.0*
D3 教師能提供具體的改善建議與激勵。	3.33	0.75	4.35	0.82	6.33	0.0*
D4 教師展現出高度的教學熱忱與責任感。	3.15	0.87	4.4	0.83	7.03	0.0*

附註：*p < 0.1、**p < 0.05、***p < 0.01

(八) 教師教學反思

本次「海洋虛擬角色創作」課程導入 STEAM-6E 跨域教學模式，以海洋教育為核心主題，結合仿生設計與數位動畫實作，推動學生創意思維與跨域整合能力。課程實施後，教師針對課堂實踐歷程與學生反饋進行整理與反思，彙整如下：

1. 建構生物與角色的概念連結

學生對「擬人角色設計」抱有高度興趣，能主動探索海洋生物特徵作為創作靈感來源。然而部分學生在將自然生物特徵轉化為角色造型時，仍易流於表面模仿，缺乏內在邏輯與敘事思維。未來可強化生物構造解析與故事角色定位之整合訓練，幫助學生建立更具深度的創作脈絡與視覺語言轉譯能力（Liu et al., 2024）。

2. 強化分鏡腳本與動畫敘事訓練

課程後期聚焦於動態影音創作與角色展演，但發現部分學生在動畫腳本與鏡頭語言的設計上缺乏流暢性與邏輯性，造成動畫呈現片段或故事張力不足。建議可於中期前導入基礎影像敘事與視覺分鏡訓練，並透過動畫欣賞與分鏡案例剖析，提升學生的敘事結構理解與時間節奏掌握（Yang & Hsu, 2020）。

3. 引導媒材與技術跨界整合

本課程融合 2D 角色設計、3D 建模、動作捕捉與後製剪輯，屬高度跨技術整合類型。部分學生在跨平台操作上出現技術落差或設備操作不熟，導致創作中斷或品質參差。建議於課程初期設置技術工作坊與操作指引，並與教學助教合作，形成技術支援小組，加強教學流程的技術承接與錯誤排除能力。

4. 體現海洋教育與永續議題的創意表達

從學生設計成果觀察，多數角色已能結合海洋生態特徵與議題意識，部分學生甚至能以虛構角色代言海洋保育、濫捕問題等社會關懷。教師認為應進一步設計具有社會行動導向的學習任務，例如角色提案模擬為 NGO 形象代言或海洋教育推廣活動，讓學生思考創作背後的社會影響力與倫理價值（Wang et al., 2024）。

5. 整合場域與產業鏈結資源

課程實地參訪海科館與邀請產業業師協同教學，讓學生實際觀察海洋物種，並體驗動畫產業製作流程。此模式有效提升學生的學習動機與未來職涯想像。教師建議未來可擴大合作對象與場域，延伸至地方文化、博物館或產業設計實作場，深化跨域教學的真實情境與產業接軌力（Sain, 2021）。

6. 教學節奏與跨域合作模式調整

本課程之跨域設計涵蓋設計、動畫、海洋科學等多領域，學習內容多元而複雜。期中前偏重概念與平面設計，期中後轉向實作與影片

製作，部分學生反映進度緊湊，難以消化技術與概念整合。建議未來教學可明確分段知識層級與任務安排，並透過任務導向學習法（Project-based Learning）讓學生逐步完成最終作品。

(九) 學生學習回饋

本課程結合 STEAM-6E 跨域教學模式與海洋教育議題，引導學生以海洋生物為靈感進行虛擬角色設計。透過課後問卷、學生反思紀錄與小組訪談，彙整出學生在學習過程中的正向感受、挑戰經驗與具建設性的建議，作為後續課程優化之依據。以下為主要回饋觀察：

1. 啟發海洋關懷與創意轉譯的動能

多數學生指出，本課程讓他們首次深入思考海洋環境議題與物種生態特色，並透過創意設計進行視覺化詮釋。有學生表示：「原來角色創作也能結合海洋保育，讓我們用設計來說一個海洋的故事。」課程中設定以瀕危物種或具代表性的台灣近海生物為題材，有助於學生從海洋知識出發，轉化為敘事角色形象，進一步強化其對永續議題的認同與設計責任感（Jia et al., 2021）。

2. 提升創意思維與敘事能力

學生普遍反映在創意發想、角色世界觀與情境圖構思上獲得極大挑戰與成就感，尤其在角色命名、性格設定與動機設計中能展現個人敘事邏輯。部分作品透過「異變海洋事件調查官」、「仿生人魚特工」等角色，成功連結環境議題與奇幻想像，展現學生自我探索與創意詮

釋能力。這亦呼應 Conradty 等人研究所指出的，創意自我效能與學習動機彼此相乘，是推動創新學習的關鍵因素（Conradty et al., 2020）。

3. 技術能力與數位工具操作信心提升

課程導入數位繪圖、3D 建模、動態分鏡與影音後製等多元工具，初期有學生反映「工具太多、很怕跟不上」，但在經過逐步教學與小組合作後，技術熟練度明顯提升。不少學生表示開始能靈活運用 Photoshop、VRoid Studio、Blender 進行角色建模與動畫合成，甚至有學生主動延伸自學 AI 生成圖像與動畫工具，並思考其在虛擬角色未來應用的可能性（Hsu et al., 2021）。

4. 整合藝術人文素養與多文化視野

許多學生回饋，本課程不僅鍛鍊創作技能，更讓他們理解如何以「文化與價值」包裝角色。例如部分學生設計「信仰型人魚」、「臺灣祭典守護者」等角色，融合地方信仰、族群文化與故事背景，展現藝術人文結合環境敘事的深度。此與 Qian 等人所主張的 C-STEAM 效益一致：設計課程若能強化人文敘事與文化認同，將更能激發學生多元視野與創作意圖（Qian et al., 2022）。

5.未來課程優化與新構想

根據學生學習歷程與回饋建議，課程後續可進一步深化以下策略：

- **模組化 AI 工具應用與倫理討論**：開設 AI 角色生成工具（如 Runway、Character.AI）基礎操作單元，並結合創作倫理與 AI 視覺偏見討論，提升學生對科技創作邊界的認知。

- **推動角色創作社會行動化**：鼓勵學生以虛擬角色參與海洋保育倡議、設計 NFT 虛擬角色募資保育行動，強化創作的社會實踐性。

- **建立跨班共創平台**：設置虛擬角色作品展示與互評平台，結合不同系所學生作品，形成跨領域觀摩與評比機制，增加創意火花與學習交流。

（十）結論與建議

1.各項調查之結論

本研究以**「海洋虛擬角色創作課程」**為場域，導入 STEAM 教育理念與 **6E 學習歷程模型**，從虛擬角色的概念發展、設計實作到跨系展演，規劃出具備情境探索、創意轉譯與技術應用的教學流程。研究結果歸納如下：

(1) 前期階段：期中前學生學習歷程

課程初期引導學生從**海洋環境議題與生態知識出發**，透過實地觀察（如參訪潮境智能館、基隆海科館），培養其對生物特徵與故事創作的敏感度。學生能主動進行資料蒐集與角色設定發想，展現高度參與

與探索意願，為後續創作奠定豐富的靈感來源。

(2) 後期階段：期中後學生跨域實作學習

課程後期進入**角色建模與虛擬表演實作**階段，學生於實務中練習建構角色骨架、動作捕捉、動畫演出與角色直播模擬。與表藝系跨域合作的過程中，學生需學會**角色風格詮釋、妝造搭配與角色演繹**，在實作中深化其技術表達與敘事完整度。

(3) 就 STEAM 教學導入分析

課程成功融合了 STEAM 五大核心元素，例如：**Science（海洋知識）、Technology（數位建模與直播系統）、Engineering（角色結構與動畫設計）、Art（視覺造型與敘事腳本）到 Mathematics（比例設計與動作節奏控制）**，學生從跨域素材與科學觀察中汲取角色靈感，並轉化為設計語言，有效展現 STEAM 整合式學習的創發性與實踐力。

在本研究中，針對「海洋虛擬角色創作」課程導入 STEAM 教學理念，採用前後測問卷進行統計分析，涵蓋 科學（Science）、科技（Technology）、工程（Engineering）、藝術（Arts）、數學（Mathematics） 五大向度，共 15 題。所有向度的各項指標皆呈現出顯著提升，具體說明如下：**所有題項之 p 值皆達到顯著水準（$p < 0.001$）**，代表 STEAM 教學實施對學生的學習成效具有高度正向影響。

在「科技」與「藝術」構面尤為突出，如學生在「能熟練操作數位工具」與「作品具有創意性與獨特風格」項目上的後測平均分數達到

4.42 與 **4.51**，顯示其技術應用與創意思維大幅提升。**數學構面雖相對提升幅度較小（平均約 3.4 左右），但 t 值與 p 值依然顯示有統計上的顯著進步**，顯示學生在掌握比例、動畫節奏與坐標運算等方面亦有正向成長。

這些結果整體說明：將 STEAM 教學導入至虛擬角色創作課程中，能有效提升學生在跨領域應用、創意思維、問題解決與技術操作等方面的學習表現。課程的實踐不僅增進了學生對科學與科技的理解與轉譯能力，更深化其對藝術表達與邏輯構思的掌握，充分展現 STEAM 教學的整合性與系統性優勢。

(4) 就 6E 模式導入分析

讓學生與老師有機會評量學習成效與理解程度，課程完整實踐了 **Engage（參與）→Explore（探索）→Explain（解釋）→Engineer（建造）→Enrich（深化）→Evaluate（評量）** 等 6E 教學歷程，首先在 **Engage（參與）**，引入海洋環境議題激發學生創作動機，在 **Explore（探索）** 上，進行資料蒐集與概念聯想拓展創意範圍，接著 **Explain（解釋）** 的方面，教師講解設計流程與建模技巧，在 **Engineer（建造）** 中，讓學生進行角色建模與動畫實作，接續 **Enrich（深化）**，讓加強學生的角色作業調整並精緻化，最後，**Evaluate（評量）** 的部分，同儕互評與展演回饋促進反思。此模式提供學生**從靈感到實踐的系統性框架**，提升其創作深度與學習自主性。

(5) 學生作品討論分析

學生角色作品普遍展現出鮮明風格與敘事邏輯。例如：角色「夜奈‧露」從水母的特徵轉化為虛擬觀察者，擁有高度藝術性與概念深度。學生透過角色背景、服飾語彙與個性設定的細膩處理，展現了**角色建構與敘事轉譯的能力進步**，也體現出其對議題的理解與視覺整合能力。

(6) 學習成就與創意自我效能分析

根據問卷前後測結果，學生在**角色設計能力、創意表達力與自我效能感**皆有顯著提升。學生反映在創作中能逐步**建立對自身風格與敘事邏輯的掌控感**，並從組內協作中發現自身優勢與潛能。整體三項指標的平均值從前測 26.23 提升至後測 31.3，表現出整體學習效益向上，且標準差數值略為下降（從 3.17 降至 2.67），表示學生學習成果趨於一致、個別差異縮小，**教學模式穩定有效**。

(7) 課程滿意度分析

多數學生對於課程內容安排、教學引導與創作自由度給予正面評價。尤以**「跨域合作經驗」與「從無到有的角色建構歷程」**最具吸引力，認為這是一次能夠實際「把想法做出來」的真實創作經驗。整體而言，各構面後測皆高於前測，顯示課程設計與教學執行廣獲學生肯定。其中以「教學態度」與「課程教材」提升最顯著，驗證本研究中所導入的 STEAM-6E 教學模式能有效提升學生的課程體驗與認同。

(8) 教師教學反思

教師觀察到學生在跨域合作初期普遍存在溝通與技能落差問題，需以更精準的教學引導與角色分工機制作為配套。但亦看到學生在過程中學會協調與整合，展現超越技術層面的成長，如**同理心、表達力與面對問題的彈性處理**。

(9) 學生學習回饋

學生普遍表示課程提供**跨域整合與角色實作的挑戰舞台**，能從中體驗角色創作的系統性流程與現實應用情境。部分學生指出：「這是我第一次把一個角色從概念做到能動起來，還能自己操控它跳舞說話，很有成就感。」

結語：課程成果總整

「海洋虛擬角色創作」課程透過**實地觀察、虛擬轉譯與跨域共創**等策略，成功激發學生的**創意實作動力與學科統整能力**。結合 STEAM 與 6E 的雙重導入模式，不僅建構出一條完整的創意教學路徑，也為未來虛擬角色設計與教育實踐提供具體參考樣態。

2.綜合結論

本研究以 STEAM-6E 教學模式導入海洋教育與虛擬角色設計課程，結合仿生概念與敘事創作，透過跨域課程實作與前後測調查，驗證其對學生學習成就與創意自我效能之影響。

(1) 整體教學實施成果：

- **有效提升學生學習成就**：根據前後測結果，學生在「虛擬角色設計原則」、「媒體應用理解」、「海洋特徵轉化」及「風格評析」等面向均有顯著進步，顯示 6E 模式可系統性引導學生內化專業知識。

- **創意構思與實作能力成長**：在創意思考與創意實作兩構面上，學生平均表現分數由中階提升至高階，顯示本課程能有效激發學生以多元視角探索海洋議題，並將創意具象化為完整作品。

- **STEAM 素養全面提升**：從科學理解、技術應用、工程實踐到藝術表現與數學邏輯整合，學生在各項指標中後測分數皆優於前測，顯示跨領域能力培育已具成效。

(2) 教學創新貢獻與研發成果：

- **教學模組研發與應用**：本研究成功建構一套以海洋教育為核心、結合 STEAM-6E 與設計思考的教學模組，並可擴展應用於其他永續議題或數位創作課程中。

- **虛擬角色創作流程建構**：透過草圖設計、三視圖描繪、分鏡規劃與影音輸出等步驟，引導學生掌握虛擬角色完整創作流程，建立從靈感到產出的設計歷程模型。

- **學生作品成果可視化與展演化**：學生作品涵蓋黑鮪魚、水母、人魚、章魚等海洋主題，並透過影音合成與互動展示，實踐設計的

社會溝通功能，深化學習動機與專業認同。

(3) 學習歷程回饋與未來展望

學生普遍認為課程具挑戰性與實用性，尤其在將海洋知識與創意設計整合的過程中，不僅拓展其創作視野，也培養其科技操作與問題解決能力。教師亦從教學歷程中反思並調整教學節奏、內容層次與協作策略，以因應非設計背景學生的多元需求。未來可進一步推動 AI 工具應用、跨系共創與虛實整合平台建置，提升教學品質與創新能量。

本研究實證顯示，將 STEAM-6E 教學模式融入海洋議題與虛擬角色設計，不僅可提升學生的創造力與實作能力，也促進其科學素養、設計敘事力與跨域統整能力。

五、創新及貢獻

一、創新課程設計與教學模式亮點

（一）產業技術導向創新價值

1.結合數位設計與產業實務

本研究藉由兩項課程實踐計畫——「STEAM 結合跨領域提升虛擬人形象設計之實作技能與學習成效」與「STEAM-6E 融入海洋生物以提升虛擬角色實作課程之學習成效」，有效實踐數位設計教育與產業技術之連結，展現虛擬角色應用在設計、科技與產業發展間的多元整合

能力。

第二項計畫則以「**海洋虛擬角色造型設計**」為核心，導入 **STEAM-6E 模式與海洋教育內容**，進行跨域教學實驗。學生從**海洋生物與環境議題出發**，透過**圖像聯想法（Graphic Association）與角色建構理論**，發展富有敘事與視覺魅力的虛擬形象設計。課程特別強調「**以案養才**」理念，與**產業計畫結合**，實施業界模擬提案流程，並進行**海科館與潮境智能館實地觀察、專業業師協同教學與設計審查**，有效強化學生對設計產業標準的認識與實踐經驗。

整體而言，兩項課程皆將**數位設計技能、敘事構思、科技媒體工具與場域應用能力**結合，以**真實任務導向（Project-Based Learning）**的方式推動，學生不僅熟悉虛擬角色製作與應用流程，更透過跨域合作、校外教學與業界標準接軌，深化其在數位媒體設計產業中的實務知識與創新潛能。

2.虛擬角色與影音整合技術應用

本課程重點之一，即在於**虛擬角色設計與數位影音整合技術的應用實作**，引導學生從角色建構、形象設計到影音傳播策略，完成具有故事性與視覺風格的虛擬形象品牌發展。透過跨域教學設計，學生學會整合**視覺設計、動畫製作、影片剪輯與直播平台應用**等技術，實踐虛擬角色的立體化與傳播操作。

課程實施中，學生以小組為單位完成角色設定、三視圖設計與 3D 模型建構後，進一步規劃角色所屬頻道定位、內容風格與影片表現形

式。以「**塔啵啵–北極探險家**」為例，學生不僅設計其擬人化斑海豹的形象，亦透過環境議題（如氣候變遷）切入，製作短影音介紹角色故事，並進行**角色舞蹈動態捕捉與剪輯整合**，展現 VTuber 應用潛力。

此外，課程融入**虛擬攝影棚（Virtual Studio）概念**，學生模擬角色進行**直播互動**，練習腳本撰寫、畫面編排與導播操作，提升其**數位內容規劃與視覺敘事能力**。學生須完成角色頻道封面圖、宣傳片段、主題影片（含旁白、音樂、特效）等成果，實現**影音設計與角色品牌整合**的全流程學習。

在成果發表階段，各組學生將虛擬角色以**影片方式呈現其職業背景、性格設定與故事主軸**，影片內容多具創意與個人風格，充分體現其在設計思維、影音敘事與技術實作上的進步。教師與業界專家亦給予高度評價，認為學生能運用數位工具與敘事策略，形塑角色並打造虛擬形象品牌，顯示其**在數位內容整合與創意表達上的實務能力**。

（二）STEAM-6E 模式導入與實踐創新

1. 系統化跨域學習流程設計

本研究課程以 **STEAM 教育理念**為核心，結合 **6E 學習流程模型**（**Engage、Explore、Explain、Engineer、Enrich、Evaluate**），建立一套系統性、實作性與跨域整合兼具的教學模式。此架構有別於傳統線性教學，強調以問題導向與探究學習為主軸，讓學生在角色創作與數位設計的歷程中，能循序漸進地深化學習。

整體教學流程設計如下：

Engage（引發動機）：以生活化與社會化主題（如海洋保育、文化想像、身分認同）切入，吸引學生興趣，激發其主動學習與創作動能。**Explore（探索問題）**：引導學生進行資料蒐集與案例分析，從不同面向觀察設計風格、環境議題與文化脈絡，訓練其資料統整與觀察詮釋能力。**Explain（概念說明）**：由教師講解設計理論、角色建構方法與科技工具應用，輔以實作範例與分組討論，協助學生建構設計概念。

Engineer（工程實踐）：學生根據設計企劃進行三視圖、建模、貼圖、動畫製作等實作任務，強化其跨域操作能力與創意思考。**Enrich（深化拓展）**：加入表演藝術、模擬直播、實地觀察等跨系合作環節，豐富角色表現形式，擴展其應用面向與文化深度。**Evaluate（評量與反思）**：透過期中期末發表、同儕互評、教師回饋與問卷分析，鼓勵學生自我反思與成果精進。

此 6E 流程貫穿整體課程，並融入 **STEAM 五大領域**：科學（角色知識與生物觀察）、科技（數位工具與建模技術）、工程（設計系統與製作流程）、藝術（視覺表現與文化創意）、數學（比例配置與節奏設計），促使學生發展多元能力。

整體而言，本課程突破單一科目教學界限，透過**系統化、階段性、跨領域的整合設計**，有效提升學生在創意思維、實作能力、問題解決與團隊合作等面向的綜合素養，實踐教育創新之具體成果。

2.教學模組應用與實務轉化

本模組結合**海洋生態教育、仿生設計與數位角色建模**，以 STEAM-6E 導向導入虛擬角色設計。學生需從海洋知識出發，運用**圖像聯想

法（Graphic Association）**發想角色造型，並搭配 3D 建模與角色直播腳本撰寫等技術，完成擬人角色的影音呈現與互動介面設計。課程與基隆海洋博物館、潮境智能館合作，強化學生的環境觀察、社會責任意識與永續議題思辨。

兩個模組皆以實作導向為核心，從理論學習到技術實作，再結合校內外展演活動、產業實務模擬與跨系協同創作，讓學生能將所學知識轉化為具體成果與職涯準備。

此外，課程設計亦導入「**以案養才**」概念，結合產學合作與業界提案模擬，學生需以業界標準進行角色簡報、設計提案與創作驗證，進一步提升其**邏輯表達、團隊合作與專業實務轉譯能力**。

整體而言，兩大教學模組充分展現 STEAM-6E 教學模式的靈活應用與轉化潛能，不僅提升學生創意發展與跨域應用能力，更建構出一條從學術理論邁向產業實務的教育橋樑，對數位設計及技職教育領域具高度推廣價值。

（三）多元任務導向與永續教育發展

本計畫強調培養學生兼具技術專業與社會關懷意識的能力，於課程中導入「數位素養教育」與「永續發展議題」，作為創意設計與技術實踐的思考基礎。課程設計不僅聚焦於**虛擬角色創作技術的精進**，同時引導學生認識並回應氣候變遷、海洋保育、能源使用等具全球性的關鍵議題。

在教學模組中，透過「專題導向學習（Project-Based Learning,

PBL）」策略，引導學生以實際社會議題為核心，進行角色背景設定與造型發想。例如，案例二「海洋虛擬角色創作」課程即以海洋生態、氣候變遷及環境危機為出發點，鼓勵學生轉化生物觀察與生態理解，創造具環境訴求與教育意義的虛擬角色形象，深化其對永續議題的感知與表達。

此外，課程中廣泛運用數位工具（如 3D 建模、動態影像製作、AI 繪圖生成、影片剪輯與社群推廣設計等），不僅提升學生數位技能與媒體操作能力，也培養其**數位內容創造與溝通能力**，強化在數位時代中的資訊識讀與媒體素養。學生在建構虛擬角色與影片內容過程中，學會如何善用數據與圖像進行設計表達，並於作品中融入環境保護、物種保育、氣候行動等「SDGs 永續目標」概念。

學生反饋亦指出，**將永續主題作為角色設計基底，有助於提升設計的深度與意義**；同時，數位製作歷程讓其了解科技工具背後所需的創意、邏輯與倫理意識。透過創作與展演過程，不僅實現設計專業與環境素養的結合，也啟發學生以設計為媒介，對社會與生態議題進行反思與對話。

整體而言，本計畫透過多元任務導向策略，將「數位素養」與「永續教育」有效融入技職課程實踐，為學生未來投入數位創意產業及社會參與，奠定兼具專業能力與公民意識的關鍵基礎。

參考文獻

Bybee, R. W. (2009). *The BSCS 5E instructional model and 21st century skills.* National Academies Press. https://www.bscs.org/5e-instructional-model/

Cheng, M.-T., She, H.-C., & Annetta, L. A. (2015). Game immersion experience: Its hierarchical structure and impact on game-based science learning. *Journal of Computer Assisted Learning, 31*(3), 232–253. https://doi.org/10.1111/jcal.12066

Cheng, Y.-C., Chang, C.-H., & Lin, M.-F. (2023). *Integrating STEAM and design-based learning to enhance creative problem-solving in vocational education. International Journal of STEM Education, 10*(1), 34–47. https://doi.org/10.1186/s40594-023-00345-9

Fan, S.-C., Yu, K.-C., & Lou, S.-J. (2020). Implementing STEAM activities for marine environmental education: Effects on students' knowledge, attitudes, and creativity. *International Journal of Environmental & Science Education, 15*(1), 1-15. https://eric.ed.gov/?id=EJ1251504

Hu, J. W. (2022). The Suitability of Learning Styles for Learning Tasks—A Case Study on Introducing STEAM Education into Robot Microfilm Teaching in a University of Science and Technology https://search.proquest.com/openview/1ad7f9c13545883f571aa1bdc78893cb/1?pq-origsite=gscholar&cbl=2050703

Imamyartha, R., Setiawan, B., & Fitriawan, H. (2024). *Applying 6E learning model to improve vocabulary and engagement in language learning. Asian*

EFL Journal, 28(3), 94–112. https://www.asian-efl-journal.com/

Jiang, S., & Wang, J. (2022). Biomimicry in design education: Integrating nature-inspired approaches into STEAM learning. *Design and Technology Education: An International Journal, 27*(2), 60-77. https://ojs.lboro.ac.uk/DATE/article/view/3220

Jongluecha, T., & Worapun, M. (2022). Development of STEM education learning activities using the 6E instructional model to enhance scientific creativity for Grade 5 students. *Journal of Education and Learning, 11*(3), 180–189. ERIC Number: EJ1362316. https://eric.ed.gov/?id=EJ1362316

Kim, H., & Choi, H. (2021). Impact of STEAM education on students' self-efficacy and creative problem-solving skills: Focusing on marine science contexts. *Education Sciences, 11*(5), 231. https://doi.org/10.3390/educsci11050231

Lai, J. W. (2022). A Study on the Impact of Using 6E Model With Knowledge Building Principles in IoT and Visualization Hands-on Activity for High School Students' Learning Performance https://search.proquest.com/openview/4edffb60a7385c06de535ecb14b4f9f5/1?pq-origsite=gscholar&cbl=2026366&diss=y

Liao, C. (2016). From interdisciplinary to transdisciplinary: An arts-integrated approach to STEAM education. *Art Education, 69*(6), 44–49. https://doi.org/10.1080/00043125.2016.1224873

Lin, J. M.-C., & Chiang, S. C. (2019). The application of 6E model in STEAM education to develop an innovative IoT smart cane course. *Journal of*

Internet Technology, 20(6), 2045–2052. https://jit.ndhu.edu.tw/article/view/2197

Lin, T.-J., Hsieh, C.-Y., & Liu, E. Z.-F. (2023). Using virtual reality to facilitate science learning in marine biology: A STEAM-6E approach. *Journal of Science Education and Technology, 32*(2), 194–210. https://doi.org/10.1007/s10956-023-09954-2

Lin, Y. L., Hsu, C. K., Chen, C. C., & Wu, S. H. (2023). Integrating STEAM-6E instruction into VR learning environments to improve creativity, learning motivation and satisfaction. *Sustainability, 15*(7), 6269.

Pahl, K., & Rowsell, J. (2012). Literacy and education: Understanding the new literacy studies in the classroom. *Sage Publications.*

Sousa, D. A., & Pilecki, T. (2013). *From STEM to STEAM: Using brain-compatible strategies to integrate the arts.* Corwin Press.

Sung, Y.-T., Chang, K.-E., & Liu, T.-C. (2016). The effects of integrating mobile devices with teaching and learning on students' learning performance: A meta-analysis and research synthesis. *Computers & Education, 94*, 252-275.

Wu, C.-Y. (2019). Designing STEAM 6E model based game-based learning: An example of artificial intelligence curriculum. *International Journal of e-Education, e-Business, e-Management and e-Learning, 9*(3), 212–219. https://doi.org/10.17706/IJEEEE.2019.9.3.212-219

Chen, Y. L. (2019). *藝術融入海洋環境教育對海洋素養提昇之研究-以海科*

館 *[針織珊瑚陸上造礁] 活動為例* (Master's thesis, National Taiwan Normal University (Taiwan)).

王怡美, & 宋同正. (2022). 《快雪時晴》戲曲服裝設計之符號隱喻及詮釋. *Journal of Chinese Ritual, Theatre & Folklore/Mínsú Qǔyì*, (216).

王怡美. (2011). 數位虛擬人物形塑技術應用於戲劇服裝設計初探. *戲劇研究*, 91-111.

王瀚生, & 鄭夢慈. (2024). 戲劇融入教學對國中生海洋環境素養及創造力的影響. *科學教育學刊*, 32(1), 95-124.

吳思漢. (2021). 新型享樂動機系統接受模型暨心流理論探討遊樂產業導入虛擬實境科技-以國立海洋生物博物館 VR 體驗館為例. *義守大學工業管理學系學位論文*.

宋祚忠, & 葉佳承. (2021). STEAM 取向海洋教育課程設計之研究-以遙控帆船課程模組為例. *科技與人力教育季刊*, 8(2), 1-29.

李炳曄. (2023). 海廢現成物裝置: 後數位的人類世藝術反思/Marine Debris Ready-made Installation: Artistic Reflections on the Post-Digital Anthropocene. *感性學報 Journal of Kansei*, 11(2), 46-76.

辛懷梓, 張自立, & 許碧容. (2019). 國立海洋科技博物館海洋教育戶外教學對大學生學習成效之影響. *師資培育與教師專業發展期刊*, 12(2), 91-123.

周珮儀, & 王雅婷. (2021). 應用故事模式探究大學永續發展教育課程實施

的歷程與成效. *科學教育學刊*, *29*(S), 441-467.

林思瑤, & 孫怡康. (2021). [包浩斯劇場] 視覺體驗之認知研究. *設計學報 (Journal of Design)*, *26*(1).

張正杰. (2019). STEM 融入海洋教育課程提升師資培育生海洋素養與實作能力之研究.

郭佳欣. (2024). 海洋教育議題主題式融入課程研究-結合國中藝術領域為例. *國立暨南國際大學課程教學與科技研究所學位論文*, 1-180.

楊淑晴、劉淑君、黃名清（Yang, S. C. et al., 2025）. 台灣 STE(A)M 教育期刊論文與國科會計畫之發展回顧與評析 https://search.ebscohost.com/login.aspx?direct=true&profile=ehost&scope=site&authtype=crawler&jrnl=18166504&AN=186611615

葉冠麟, & 李俊賢. (2024). 以人工智慧繪畫輔助虛擬角色之美術設計. *修平學報*, (8), 23-42.

鄭衣娟, 鄭琨鴻, & 陳怡廷. (2023). 全景古蹟虛擬導覽之虛擬化身設計與評估: 使用者經驗探索. *文化資產保存學刊*, (6), 7-26.

盧姵綺, 吳宜澄, & 蔡明弘. (2019). 海洋教育議題融入藝術領域素養導向課程設計研究. *教育理論與實踐學刊*, (9), 43-68.

戴佑安, & 楊儀涵. (2023). 在海洋飛翔的天使--特殊需求幼兒參與海洋教育體驗課程初探. *特殊教育發展期刊*, (75), 59-72.

羅志成, 葉云萱, & 盧詩韻. (2022). 情感設計融入 2D 動畫教學模式與學習表現之研究. *課程與教學*, 25(1), 193-223.

蘇啟鴻（Su, C. H.）. 單一課程融入跨領域主題式 STEAM 課程 統整設計對大學生學科探究實作表現之研究
https://search.ebscohost.com/login.aspx?direct=true&profile=ehost&scope=site&authtype=crawler&jrnl=15633527&AN=154934226

附件一：虛擬角色造型設計－實作歷程-設計初稿單

班級/	學號/	姓名/	日期/
階段	☐ 第一階段-虛擬角色造型聯想，主題： ☐ 第二階段-虛擬角色造型創作，主題：			
設計圖 (學生)				
設計理念 說明 (學生)	Ans:20~30 字來書寫			
設計心得 (學生)	Ans:20~30 字來書寫			
評語與感想 (教師)				
研究者分析 (教師團隊)				

紀錄教師：

附件二： 教學相關表單 (學生訪談表單)

日期/	班級/	學號/	姓名/
1.在 STEAM 設計與繪製的階段主題作業中(虛擬角色造型設計)，你學到那些知識或技能呢?遇到哪些困難?如何解決? 答：			
2.你所設計的作品，有你些是來自實際生活中的印象(或相關資料搜尋)? 答：			
3.就設計的繪製上，對你在進行作品設計時，是否產生影響或困難?原因為什麼? 答：			
4.在此階段的課程，你對自己的表現如何? 觀察同學的表現為何? 有沒有什麼建議? 答：			
5.你對 STEAM 結合跨領域課程實施的方式，有沒有什麼建議? 答：			
研究者分析 (教師團隊)				

紀錄教師：

附三：期末成果小組互評單

《角色動畫與動態捕捉》課程 期末成果報告 | 教師評審表

一、評分方式

分數說明：5分：非常優秀 4分：良好 3分：簡潔 2分：需要加強 1分：表現不佳
最後評審總分，說明：10~9非常優秀，8良好，7~6普通，5以下需要加強

二、評分項目（請給予1~5分）

1. VTUBER 版版黑潮 組長 41120019 吳〇廷 組員：林〇億、吳〇平、周〇彤

評分項目	說明	分數（滿分10）
角色設計與創意	設定完整、角色特色鮮明、具創意	／10
動畫與動作流暢度	動畫節奏自然、動作表現滿意	／10
Mocap技術應用	能正確使用動補技術、數據整合完整	／10
組內協作與分工	小組合作良好、分工平均且有效率	／10
簡報與說明表現	發表結構清楚、說明完整吸引力	／10
	總分	／50

2. VTUBER 張張發 組長 41120011 張〇儒 組員：黃〇黑、柯〇武

評分項目	說明	分數（滿分10）
角色設計與創意	設定完整、角色特色鮮明、具創意	／10
動畫與動作流暢度	動畫節奏自然、動作表現滿意	／10
Mocap技術應用	能正確使用動補技術、數據整合完整	／10
組內協作與分工	小組合作良好、分工平均且有效率	／10
簡報與說明表現	發表結構清楚、說明完整吸引力	／10
	總分	／50

3. VTUBER 碰碰星潛 組長 朱〇男 組員：許〇林、田〇任

評分項目	說明	分數（滿分10）
角色設計與創意	設定完整、角色特色鮮明、具創意	／10
動畫與動作流暢度	動畫節奏自然、動作表現滿意	／10
Mocap技術應用	能正確使用動補技術、數據整合完整	／10
組內協作與分工	小組合作良好、分工平均且有效率	／10
簡報與說明表現	發表結構清楚、說明完整吸引力	／10
	總分	／50

4. VTUBER 悠可 組長 朱〇漢 組員：鄭〇柔

評分項目	說明	分數（滿分10）
角色設計與創意	設定完整、角色特色鮮明、具創意	／10
動畫與動作流暢度	動畫節奏自然、動作表現滿意	／10
Mocap技術應用	能正確使用動補技術、數據整合完整	／10
組內協作與分工	小組合作良好、分工平均且有效率	／10
簡報與說明表現	發表結構清楚、說明完整吸引力	／10
	總分	／50

5. VTUBER AWA 組長 黃〇諾 組員：周〇星、蔡〇佑

評分項目	說明	分數（滿分10）
角色設計與創意	設定完整、角色特色鮮明、具創意	／10
動畫與動作流暢度	動畫節奏自然、動作表現滿意	／10
Mocap技術應用	能正確使用動補技術、數據整合完整	／10
組內協作與分工	小組合作良好、分工平均且有效率	／10
簡報與說明表現	發表結構清楚、說明完整吸引力	／10
	總分	／50

6. VTUBER 夜采羅 組長 徐〇煜 組員：江〇誠、呂〇屋、李〇效

評分項目	說明	分數（滿分10）
角色設計與創意	設定完整、角色特色鮮明、具創意	／10
動畫與動作流暢度	動畫節奏自然、動作表現滿意	／10
Mocap技術應用	能正確使用動補技術、數據整合完整	／10
組內協作與分工	小組合作良好、分工平均且有效率	／10
簡報與說明表現	發表結構清楚、說明完整吸引力	／10
	總分	／50

7. VTUBER 半月 組長 鍾〇婷 組員：邵〇博、林〇伶、洪〇寬

評分項目	說明	分數（滿分10）
角色設計與創意	設定完整、角色特色鮮明、具創意	／10
動畫與動作流暢度	動畫節奏自然、動作表現滿意	／10

擬形象力：STEAM-6E 跨域設計教學實踐

8. VTUBER：遜拌制亞基紗　組長：陳○佑　組員：梁○祺、潘○淳

評分項目	說明	分數（滿分10）
角色設計與創意	設定完整、角色特色鮮明、具創意	／10
動畫與動作流暢度	動畫節奏自然、動作表現清楚	／10
Mocap 技術應用	能正確使用動捕技術、數據整合完整	／10
組內協作與分工	小組合作良好、分工平均且有效率	／10
簡報與說明表現	發表結構清楚、說明完整具吸引力	／10
	總分 ／50

9. VTUBER：懶懶　組長：劉○志　組員：曾○婷

評分項目	說明	分數（滿分10）
角色設計與創意	設定完整、角色特色鮮明、具創意	／10
動畫與動作流暢度	動畫節奏自然、動作表現清楚	／10
Mocap 技術應用	能正確使用動捕技術、數據整合完整	／10
組內協作與分工	小組合作良好、分工平均且有效率	／10
簡報與說明表現	發表結構清楚、說明完整具吸引力	／10
	總分 ／50

10. VTUBER：湖塔洛　組長：張○琳　組員：李○騰

評分項目	說明	分數（滿分10）
角色設計與創意	設定完整、角色特色鮮明、具創意	／10
動畫與動作流暢度	動畫節奏自然、動作表現清楚	／10
Mocap 技術應用	能正確使用動捕技術、數據整合完整	／10
組內協作與分工	小組合作良好、分工平均且有效率	／10
簡報與說明表現	發表結構清楚、說明完整具吸引力	／10
	總分 ／50

11. VTUBER：　　　組長：辛○榆　組員：呂○澤

評分項目	說明	分數（滿分10）
角色設計與創意	設定完整、角色特色鮮明、具創意	／10
動畫與動作流暢度	動畫節奏自然、動作表現清楚	／10
Mocap 技術應用	能正確使用動捕技術、數據整合完整	／10
組內協作與分工	小組合作良好、分工平均且有效率	／10
簡報與說明表現	發表結構清楚、說明完整具吸引力	／10
	總分 ／50

12. VTUBER：　　　組長：蔡○榆　組員：

評分項目	說明	分數（滿分10）
角色設計與創意	設定完整、角色特色鮮明、具創意	／10
動畫與動作流暢度	動畫節奏自然、動作表現清楚	／10
Mocap 技術應用	能正確使用動捕技術、數據整合完整	／10
組內協作與分工	小組合作良好、分工平均且有效率	／10
簡報與說明表現	發表結構清楚、說明完整具吸引力	／10
	總分 ／50

三、【教師評語與建議】

請問認為哪一組表現最好，這組表現突出的地方是：＿＿＿＿＿

請問哪裡可以再加強的部分是：＿＿＿＿＿

最喜愛謝發師協助保駕、祝福您學業進步、平安喜樂～

評審老師簽名：＿＿＿＿＿

結語

最後，衷心感謝所有協助與參與美春各項研究計畫與教學活動的師長、同學與朋友們。升等這條路雖然艱辛，但在過程中獲得了許多成長與寶貴經驗，視野更加開闊，研究與寫作能力也大有提升。

這一切榮耀與讚美都歸於神，因為「你們無論做什麼，都要從心裡做，像是給主做的，不是給人做的。」（歌羅西書3:23）

張美春 筆 2025.08.

虛擬形象力
——STEAM-6E 跨域設計教學實踐

作　　者／張美春
出 版 者／揚智文化事業股份有限公司
發 行 人／葉忠賢
地　　址／新北市深坑區北深路三段 258 號 8 樓
電　　話／(02)8662-6826
傳　　真／(02)2664-7633
網　　址／http://www.ycrc.com.tw
　E-mail／service@ycrc.com.tw
　I S B N／978-986-298-453-6
初版一刷／2025 年 8 月
定　　價／新台幣 350 元

＊本書如有缺頁、破損、裝訂錯誤，請寄回更換＊

國家圖書館出版品預行編目（CIP）資料

虛擬形象力：STEAM-6E 跨域設計教學實踐/
張美春著. -- 初版. -- 新北市：揚智文化事
業股份有限公司, 2025.08
　　面；　公分

ISBN 978-986-298-453-6（平裝）

1.CST: 電腦輔助教學　2.CST: 虛擬媒體
3.CST: 教學設計　4.CST: 教學法

521.57　　　　　　　　　　　114010552